应用型人才培养视角下的会计教学改革研究

董海慧　著

北京工业大学出版社

图书在版编目（CIP）数据

应用型人才培养视角下的会计教学改革研究 / 董海慧著. — 北京 ：北京工业大学出版社，2020.12（2021.11 重印）
ISBN 978-7-5639-7750-5

Ⅰ. ①应… Ⅱ. ①董… Ⅲ. ①会计学－教学研究 Ⅳ. ① F230

中国版本图书馆 CIP 数据核字（2020）第 247501 号

应用型人才培养视角下的会计教学改革研究

YINGYONGXING RENCAI PEIYANG SHIJIAO XIA DE KUAIJI JIAOXUE GAIGE YANJIU

著　　者： 董海慧
责任编辑： 李俊焕
封面设计： 知更壹点
出版发行： 北京工业大学出版社
（北京市朝阳区平乐园 100 号　邮编：100124）
010-67391722（传真）　bgdcbs@sina.com
经销单位： 全国各地新华书店
承印单位： 三河市明华印务有限公司
开　　本： 710 毫米 ×1000 毫米　1/16
印　　张： 10
字　　数： 200 千字
版　　次： 2020 年 12 月第 1 版
印　　次： 2021 年 11 月第 2 次印刷
标准书号： ISBN 978-7-5639-7750-5
定　　价： 45.00 元

作者简介

董海慧，女，1987年12月出生，河北省承德市人，毕业于东北财经大学，硕士研究生学历，现任河北旅游职业学院讲师。研究方向：会计与金融。参与本校课题项目“校企合作视角下构建高职会计专业实践教学人才培养模式探究”的研究工作，发表《现行金融会计准则体系的评析》等文章，2018年曾获河北省职业院校技能大赛教学能力比赛二等奖。

前　言

会计学是一门技术应用性较强的经济管理学科，经济越发展，会计工作越重要。会计专业作为一种传统的专业，在高等教育新兴模式下，无论是教育理论、人才培养模式、教学内容、教学方式、教学方法和手段都需要改进。高校会计专业是典型的应用型专业，其人才培养目标定位应是培养高素质、技术型、应用型会计专业人才。为达到这一目标和体现这一定位，高校会计教学必须进行课程改革。课程改革的主要思路是“调整教学内容，实行模块化教学，加强实践教学，培养实用人才”。教学模式应采用多种新型教学模式，因此，探索会计专业人才培养视角下的会计教学改革路径已迫在眉睫。

全书共七章。第一章为绪论，主要阐述了高校学生职业能力培养、会计人才培养目标的定位、国内外会计人才培养研究评述和会计教学改革的必要性与可行性等内容；第二章为会计教学的发展现实，主要阐述了会计发展的新模式、会计教学的环境分析、会计教学存在的问题和会计人才培养的现状等内容；第三章为会计人才培养特点与趋势，主要阐述了会计人才培养的特点和会计人才培养发展趋势等内容；第四章为不同层次会计人才的就业问题与相关对策，主要阐述了会计人才的就业形势、不同层次会计人才就业的现状与问题等内容；第五章为应用型人才培养视角下的会计教学改革理论基础与发展趋势，主要阐述了互联网时代高校会计教学改革的挑战、会计教学改革的理论基础、会计教学改革的发展趋势等内容；第六章为应用型人才培养视角下会计教学改革的新配套，主要阐述了会计教学改革的政策资源支持、会计教学改革的工具资源支持、会计教学改革的服务资源支持、会计教学改革的信息资源支持等内容；第七章为应用型人才培养视角下会计教学改革的发展思路，主要阐述了会计专业人才培养模式实践、应用型会计专业人才培养的实施路径以及会计教学改革的发展思路等内容。

为了确保研究内容的丰富性和多样性，作者在写作过程中参考了大量理论与研究文献，在此向涉及的专家学者表示衷心的感谢。

最后，限于作者水平，加之时间仓促，本书难免存在一些疏漏，在此，恳请同行专家和读者朋友批评指正！

目 录

第一章 绪论

随着社会经济的迅速发展，我国的经济体制不断改革并且逐步与国际会计准则接轨，以前陈旧的会计知识和技能不再全部适用于新时代了，新时代高校的会计人才培养需要更新的规则制度和方法，以满足当今社会的需要。本章分为高校学生职业能力培养、会计人才培养目标的定位、国内外会计人才培养研究评述、会计教学改革的必要性与可行性四部分。

第一节 高校学生职业能力培养

一、高校学生职业能力培养的影响因素

通过对高校人才培养模式以及大学生职业能力形成过程的分析，作者认为影响大学生职业能力培养的因素有以下四个方面。

（一）先天性因素

先天素质是职业能力形成与发展的物质前提，如果没有一定的先天素质条件，再好的后天环境，再好的家庭影响、职业教育及个人的主观努力，都很难使某种职业能力得到充分的发展。犹如良好的发音器官和听觉器官是音乐才能形成与发展的基本前提。一个没有清脆的噪音、优美的音质、伶俐的口齿的人是很难当好播音员的。人的先天条件往往是职业能力形成至关重要的因素。先天条件优良的学生容易在本职业领域做得更为优秀，创造突出的业绩。那些先天素质较差的学生，在同样的职业教育与职业实践中，要形成和发展某种职业能力，需要付出比别人更多的努力。

先天素质随着人年龄的增长而发育、成熟及衰退。青少年时期是先天素质的发育阶段，也是培养职业能力的最佳时期。为此，高校要创造条件，采取有力措施，努力培养与提高学生的职业能力。我们如果错过这个时期，等学生走

上工作岗位后，再去培养其职业能力，将会事倍功半。

我们要正确认识个人先天素质在职业能力形成中的作用，既要重视人的先天素质的作用，也不能任意夸大它的作用，因为先天素质本身并不是职业能力，它只是为职业能力的形成提供了某种可能性，要使这种可能变为现实，必须通过实践活动。

（二）家庭影响因素

家庭教育对学生职业能力的形成与发展起着重要作用，这种作用主要表现在以下几点。

第一，父母是孩子的第一任老师。父母的职业意识、职业态度及职业个性与相应的行为表现，潜移默化地影响着子女最初的职业态度、职业个性的形成。而职业态度、职业个性又不可避免地影响着他们职业能力的形成与发展。

第二，家庭教育对高校的教育有一定的影响作用。家庭教育应与学校教育相配合，帮助学生树立正确的成才观，使家庭教育成为学校教育的有益补充，这样有助于促进学生职业能力的发展。家庭教育如果不能与学校教育很好地协作配合，甚至发生矛盾，那么将不利于学生职业能力的形成，甚至可能对学生职业能力的形成起消极作用。

（三）学校教育因素

许多人认为高校教育的重要任务，就是使学生掌握基本知识、基本技能。仅仅这样是不够的，高校还应把培养学生良好的职业个性作为重要任务之一。由于种种原因，有些院校的管理者对后者没有给予足够的重视，影响了高校教育的健康发展。

（四）职业实践活动

专业知识、基本职业技能怎样才能转化为职业能力（职业特殊能力）呢？只有通过实习、实训等实践活动才能实现这种转化。因为能力与活动密不可分，职业能力的形成，只有通过各种形式的实习、实训活动才有可能实现，如果只停留在口头上、写在纸上、记在脑子里，职业能力的形成就是一句空话。使用计算机的能力，只有通过操纵计算机才能形成。因此，高校必须加强对实践教学的管理，加强对实践教师队伍的建设，加强对实践性教材教法的研究，不断提高实践教学的质量，使学生的职业能力得到培养与提高。在这方面，许多学校有着成功的经验。据相关调查显示，邢台职业技术学院、邯郸职业技术学院等都非常重视实践教学，千方百计地为学生创造条件，不断改进实践教学，使学生职业能力快速形成和发展。

一个劳动者只要把职业作为满足需要的手段，那么职业实践活动就会对他提出一定的要求，这种要求往往与其职业能力发生一定矛盾。要解决这种矛盾，劳动者必须不断提高自己的职业能力，顺利完成职业活动，从而使自己的需要得到满足。职业实践活动对于学生职业能力的形成起着关键性作用。在一定素质基础上，学生职业能力的形成与发展，主要取决于学生的职业实践活动，个人的主观努力是职业能力形成和发展的内在动力，尽管先天因素和后天教育对职业能力的形成和发展有较大的影响，但个人的主观努力才是最重要的决定因素。因此，在培养学生职业能力的教学活动中，教师必须充分发挥学生的主体作用，调动他们的学习积极性，引导他们参加实践课教学、实践训练、社会实践。如果学生的主观能动性被调动起来，就会挤时间，想办法，创造性地开展实践训练活动，使自己的职业能力逐步提高。

二、高校学生职业能力的分析与开发

（一）树立能力本位的观念和意识

高校教育要适应我国社会主义现代化建设要求，拥护党的基本路线，培养适应生产、建设、管理、服务第一线需要的德、智、体、美全面发展的高等技术应用性专门人才，学生应在具备理论基础知识和专门知识的基础上，重点掌握本专业领域的基本能力和基本技能，具备良好的职业道德和敬业精神。这就要求高校教育不能脱离社会需求而独立存在，应调查了解企业、社会和市场所需人才的种类、规格和数量，进而确定职业能力分析的核心——职业定位。高校应对开设的专业从职业岗位角度进行分析，确定学生从事该专业所应具备的专项能力和综合职业能力。

（二）科学分析与开发学生综合职业能力

我们应运用职业能力分析的方法进行科学的职业能力分析与开发。这种方法的指导思想以满足市场、企业对学生的主要要求为基本原则；课程开发的出发点是企业、市场需求而不只是学校的观点；制定学习目标的依据是学生从事某一职业、岗位所应具备的能力和技能，这一依据是通过客观真实的职业能力分析得来的，要真正做到客观真实，使学校培养的学生符合用人单位的要求，最有发言权的是长期从事本职业的优秀雇员和专家。以石油企业财务会计专业为例，我们进行职业能力分析与开发的过程如下。

第一，从会计职业岗位分析出发，把会计工作划分为8～12个岗位，如“出纳管理岗”“工资核算岗”“总账报表岗”等，我们把这些岗位所应具备的能力称为综合能力。也就是说，财会专业的综合能力就由出纳管理能力、工资核算与管理能力、总账报表管理能力等组成。

第二，从岗位任务和职责分析入手开发专项能力。经过第一步，我们确定了某一职业应具备的综合能力，但这只是描述了这一职业能力的总体轮廓。每个岗位还有许多细致具体的工作任务，劳动者要完成这些任务还应具备相应的专项能力。所以在分析综合能力的基础上，我们要进一步分析综合能力下面应包括的专项能力。每项综合能力包括的专项能力约 6 ～ 30 个。比如，“出纳管理能力”中还应该具体包括“办理现金收付”“点钞及伪币辨别”“同银行办理结算”“登记现金及银行日记账”“现金盘点”等 12 项专项能力。

第三，检查、修订综合能力和专项能力。在确定了各项综合能力的专项技能之后，DACUM 图表的整体轮廓也就出来了。但在讨论确定专项技能的过程中，为了使综合能力和专项能力更加科学、合理、实用，我们必须通过增删、修订、合并等手段，进一步完善其内容，以满足新时代对学生能力的需求。我们应按照从易到难的原则，对综合能力和专项技能进行排序，最后以表格的方式确定下来。

第四，教学设计与开发。我们应根据职业能力分析表，划分教学单元和模块，将每一模块内的知识、技能、工作态度等按顺序排列，编写每一单元或模块的教学大纲和学习指导书。

第五，教学实施。我们应开发模块教材，进行课堂教学和实践教学，评估教学效果，使具有职业能力的学生顺利毕业。

三、会计教育与职业会计师能力需求关系的理论分析

会计教育的目标是为会计专业的学生成为职业会计师做好准备，因此我们进行会计教育改革之前，必须了解职业会计师的能力需求，分析会计教育与职业会计师能力需求的关系，以职业能力框架为视角，系统优化学生的会计专业知识、职业能力以及职业价值观、道德与态度。

（一）职业会计师能力的框架

1. 职业会计师的多重角色

依据国际会计师联合会职业会计委员会主席比尔·康奈尔的说法，职业会计师包括那些在工商业、公共部门、教育及非营利部门工作的会计师，但是大多数职业会计委员会委员都不知道他们具体在做什么。为此职业会计委员会组

织委托著名会计记者罗伯特·布鲁斯在世界范围内，对大量职业会计师进行了电话采访，最终出版了采访集《职业会计师的多重角色》。《职业会计师的多重角色》中提到现代职业会计师的角色已经发生了实质性变化，他们不再是纯粹的"数字人"，已经成为在事业管理与战略方面发挥重要作用的管理者，他们的具体职责因事业而异，复杂多变。那么，职业会计师具体做什么？随着经济的发展，职业会计师在经济社会中的作用日渐突出，扮演的角色也越来越多。会计人员已经由以前单纯的企业簿记人员、财务信息的制造者转变为企业内部和外部的信息使用者，成为提供各类信息服务的重要角色，职业会计师从事不同领域不同岗位的工作，活跃在商业、工业、公共、教育和事业等部门。现代社会的职业会计师不仅要成为掌握会计知识和信息技术的信息系统、财务报告系统、对外报告系统的专家，还必须成为企业家、财务分析家、全球竞争者、市场分析家、精明的推销商、优秀的信息传播人、能干的协调员、公共关系专家。

中国作为一个不断壮大的经济实体，职业会计师面临的是不断变化的世界。公司和其他组织从事比以往更加复杂的经营和投资活动，风险管理变得更加重要，信息技术迅猛发展，网络改变了全球通信方式，商业贸易全球化。职业会计师面临的压力来自多方面，包括全球化、信息和交流技术以及企业集团的扩大化等，还包括立法者和监事会。会计服务已突破传统领域，职业会计师不仅要为投资者和债权人服务，还要为其他财务和非财务信息使用者提供信息。日益增长的变化要求现代的职业会计师除了获得专业会计知识和技能外，还需要具有使他们在适当的时候成为商业顾问、经济分析师、传达者、谈判家和管理者的技能。这就要求我们的会计教育除了强调厚基础之外，还应当让学生了解会计信息在经理人员、投资者、信贷者、股东和其他利益相关者进行经济决策时所发挥的作用，以及从更广阔的视角看待会计工作，提高自身分析性技能及解决不确定性问题的能力。

2. 职业会计师能力框架的概念

能力框架是指由所属职业组织设计的专门用于评价从事本职业的人履行职责所需具备的各种能力及相应水准的一种系统。职业会计师能力框架着眼于职业会计师是否具备按既定标准履行职能的能力，强调职业的需求导向，并将其贯穿于职业会计师培养及评价的全过程。能力框架来自对真实工作的考察，是职业会计师的职业手册，对每一项职能均有详细说明。职业会计师可以根据所承担的任务和发展目标，参照能力框架所确定的知识、技能等能力的要求，评估自身职业能力的优势与缺陷，并制订相应的培训与提高计划，平衡发展自身知识与技能，从而达到提高职业能力、胜任工作要求的目的。

职业会计师能力框架的内容与要求，能更有效地判定从业者是否具备应有的素质，使职业会计师的能力与其履行的职责、承担的任务保持一致。能力框架可以为学校会计教育和会计人员继续教育提供指引，使学校关注市场需求，以培养职业能力为导向调整教育目标、教学内容和教学方式。在课程设置上，学校可以根据能力框架，以现实工作需求的知识和技能为基础，形成相关度更高的知识大纲和课程结构。

3. 国际会计师联合会关于职业会计师能力框架的基本内容

在总结各国各职业团体研究经验的基础上，为促进全球会计教育和会计职业的发展和统一，国际会计师联合会（IFAC）发布了三份与会计教育相关的公告：国际教育准则、国际教育指南和国际教育论文。2003 年 10 月，IFAC 教育委员会颁布了第一批 6 个国际教育准则项目，具体包括《职业会计教育计划的准入条件》《职业会计教育计划的内容》《职业技能》《职业价值、道德与态度》《实务经验要求》和《专业能力和胜任能力的评估》。2004 年 5 月，IFAC 又颁布了《职业后续发展：终身学习和职业胜任能力后续发展计划》。2006 年 7 月 5 日，IFAC 下属的国际会计教育准则委员会发布了第 8 号国际教育准则《审计专业人员的胜任能力要求》。这些准则的颁布构建了会计国际教育准则体系的框架，为职业会计师满足职业准入的各项要求以及职业后续发展的需要建立了全球性的标准，为 IFAC 各会员团体在本国或本地区范围内制定与实施有关会计教育的具体标准提供了指导和帮助。

按照 IFAC 的国际教育准则，基于胜任能力的职业会计师能力框架将能力划分为职业知识、职业技能以及职业价值观。

（1）职业知识

教育计划将专业知识概括为三个方面：会计、财务及相关知识；组织和企业知识；IT 知识。会计、财务及相关知识为从业者提供了核心技术，融合了其他领域的知识，技能，职业价值、道德和态度。组织及企业知识为职业会计师提供了工作的具体内容，包括企业怎样组织、融资及管理，以及企业运营的全球环境。IT 知识包括 IT 一般知识、IT 控制知识、IT 控制胜任能力等。

（2）职业技能

国际教育准则描述了作为职业会计师需要具备的职业技能。教育准则认为，适当的技能能够使职业会计师利用一般会计教育获得知识。这些技能并不是从为他们开设的具体课程中获得的，而是从职业会计教育培训和实务经验的总体影响中获得的，并且通过终身学习得到发展。职业会计师应具有的技能有五个方面：智力技能、技术和功能技能、个人技能、交流和交际技能、组织和商业管理技能。

（3）职业价值、道德与态度

国际教育准则规定了在参加职业会计教育培训并取得职业资格过程中，职业会计师应当获得的职业价值、道德与态度。职业价值、道德和态度贯穿于职业会计人员所做的每一件事。因为适当的道德行为同技术行为一样重要。它主要包括：维护公众利益和提高社会责任感；坚持持续发展和终身学习；保持可靠性、责任性、及时性的行为准则；遵守法律和法规。

我们通过国际对职业会计师能力框架的研究可以看出，会计教育和实践的目标是培养具有相应职业能力的职业会计师。社会的不断发展使职业会计师能否保持终生学习的态度变得尤为重要。因为只有通过不断的学习，职业会计师才能保持足够的职业能力。会计教育和实践应使会计师具备相应的知识、技能和职业价值观，拥有继续学习和适应各种变化的能力。

（二）高校会计教育与职业会计师能力培养的理论关系

职业会计师是通过学校会计教育、工作经历和后续教育等方面来获得知识的。学校教育为学生将来的职业发展奠定了基础，是会计人员职业能力形成的重要时期，我国会计教育现阶段根据学历层次的不同，主要分为专科教育、本科教育和研究生教育。

高校会计教育是会计职业教育的重要组成部分，是培养职业会计师的重要环节。高校会计教育的专科层次主要培养“专用型”会计人才，这类人才能在各类企事业单位、经营管理部门从事会计工作；硕士研究生层次主要培养“开拓型、外向型”人才，主要培养从事会计基础理论与应用理论研究的高级教学与科研人才；本科层次主要培养“通用型”人才，所培养的会计人才是具备管理、经济和会计学等方面的知识和能力，能在企事业单位及政府部门从事财务管理和会计实务等工作的高级专门人才。本科教育比专科教育更注重培养复合型人才，比研究生教育更强调培养应用型人才。高校会计教育是我国培养高层次复合型会计人才的主力军。

四、高校会计教育在职业会计师培养过程中的重要性

知识经济时代，会计工作者必须是知识工作者，因此，会计人员应接受一定的正式会计教育，获得应用理论分析会计实务的能力。高校会计教育为会计

人员奠定知识、技术和职业价值观的基础，为他们继续学习和适应所遇到的变化做好准备。因此，加强学校会计教育对提高职业会计师的理论和实务能力至关重要。

高校会计教育在现行会计教育体系中具有基础作用，有长远发展前景，高校会计教育应当成为会计教育体系的核心。近年来，社会对高素质会计人才的需求量越来越大，对会计人员素质的要求也越来越高，低层次的会计教育已不能满足各类单位日益扩展的会计业务需求。

鉴于社会对高素质会计人才的需求量越来越大，经济多元化对通才的需求量越来越大，高校会计教育已成为会计教育体系中的核心。在很长时期内，高校会计毕业生都将是我国各类企业就业的主力军，高校在我国会计人才培养中担负着重要使命。所以，如何培养出满足社会需求的会计人才成为高校会计教育面临的主要问题。因此，我国高校会计教育改革成为会计教育的一项重要工作。

第二节　会计人才培养目标的定位

一、根据不同的教育对象设定适宜的教育目标

如果把为社会培养适用型人才作为培养目标，那么学校对人才培养目标的定位应遵循“从社会中来，到社会中去”的原则。简言之，学校对社会需求要有所了解，这是使人才“进口顺畅”“出口通畅”的前提。抽样调查表明，用人单位对高校会计专业毕业生动手能力的满意度达到 90%，但对会计专业毕业生的计算机应用能力及外语水平满意度仅为 40% 和 30%，会计专业毕业生中对于其他相关的经济管理知识能运用自如的更是少之又少。相关专业知识的缺乏，限制了学生的思维发展空间，导致学生所掌握的知识难以应对社会经济的快速发展，更谈不上成为合格的管理活动参与者。职业教育的目的不是培养大量只知道按程序走的“机器人”，而应该以培养综合素质高、业务能力强的适用型人才为目标，切实做好各项相关工作。

经过几十年的改革开放，中国的经济已发生了翻天覆地的变化，伴随着经济活动而产生的经济业务也呈现出多样化、复杂化的特点。对会计人才的培养，已由过去的学校培养和单位自行培养模式逐步转变为以学校系统培养为主，社会办学培养为辅的基本模式。学校已成为会计人才培养的主战场。中国的高校教育取得了长足进步，但高校教育的现状仍不尽人意，许多人才培养出来适应

不了社会经济发展的要求。造成这一现状的原因除了体制、规模等因素外，还因为培养目标与社会需求存在一定偏差。高校教育要适应未来的需要，必须坚持“三个面向”的方针，不断完善教育体系，根据社会对人才的需求确定培养目标。但在实践当中，很多学校对人才培养目标的设定始终滞后于市场的需要，其原因是“呆板”的教学计划使学校对市场的灵敏度大打折扣。在经济社会高度发展的今天，如果高校教育不能随机应变地设定人才培养目标，只是对过去的教学计划原地不动地修修补补，实现为社会培养实用型人才的目标就会变成一句空话。由于企业规模、岗位的不同，对人才层次的需求也不同，学校培养的人才是否具有较好的应变能力，还取决于学校培养人才的指导思想是否能以市场的需求为导向。高校教育就是要体现针对性、适用性、实践性，以面向社会、服务社会为宗旨，以培养实用型的会计人才为目标的新的教育体系。根据教育对象的不同，设定适宜的教育目标是高校教育不断发展和完善的前提。

二、完善课程结构是实现教育目标的关键

会计是经济管理活动的重要组成部分，在经济管理活动中扮演着重要的角色。经济越发展，社会对会计的要求就越高。培养综合素质高、业务能力强的实用型会计人才，已经成为不同层次的学校设定人才培养目标的关键。从社会对人才的需求不难看出，社会对会计人才的知识结构要求已由过去的“专才”过渡到“广”和“博”的复合型人才。会计事项的复杂性要求未来的会计人才必须具备较强的应变能力，才能应对日趋复杂的经济业务，而应变能力的培养则涉及教学内容的设置和教学方法的实施。这具体体现为课程结构的合理性和教学方法的灵活性。

（一）灵活的教学方法决定学生的应变能力

会计学是一门应用型学科，高素质的会计人才应成为“嘴有一张，手有一双”的人才，即具备理论与实践相结合的能力的人才。学校要把学生培养成有用之才，除了正确把握教育目标外，在教学过程中所选择的教学方法同样重要。首先，教师作为教学内容的实施者，在教的过程中应正确了解培养对象和理解培养目标，灵活掌握教学方法，避免“从书本中来，到书本中去”、生搬硬套的教学方法，避免“两耳不闻窗外事，一心钻研教科书”的旧套路。其次，中国的经济发展快速，经济信息瞬息万变，会计事项日趋复杂，一本教科书难以涵盖所有复杂的会计事项，教科书的内容往往滞后于经济现象的变化，如果教学方法仅限于如何让学生理解、消化教材内容，显然是不可取的，其教学效果必然受到影响。

（二）教师的综合素质影响学生的综合素质

教师适时地抓住时机对学生进行职业道德教育、税法及纳税意识的培养，对于学生综合素质的提高是很有必要的。另外，教师对学生的团队合作意识和健康心理的培养也不可忽视。有的学生在校是品学兼优的好学生，但走入社会却四处碰壁；有的学生在处理业务上是一把好手，在处理人际关系上却常常感到被动，缺乏与人沟通、合作的能力，遭遇挫折往往一蹶不振、难以自拔。可见，综合素质的培养，在学校教育中占有不可取代的位置。因此，学校应当有意识地为学生创造宽松的个人成长空间，使他们有更多的机会学会与人交往、沟通，学会各种关系的协调和处理，让他们在挫折和失败中找到成功的轨迹，享受成功的快乐。当然，学校与社会合作为学生营造良好的外部环境也是很重要的。

（三）课程结构的合理设置决定学生知识结构的合理性

实现职业教育教学的现代化是高校教育发展的必由之路。高校要实现职业教育教学现代化，必须更新教育教学观念，改变教学管理体制和运转模式，冲破传统观念的束缚，大胆借鉴国内外职业教育先进的教学思想、方法、观念和模式，变学科本位的教学模式为人本位的教学模式，合理设置专业，开发适应社会经济发展的课程体系，使专业课程的设置社会化。社会需要什么样的人才，就设置什么样的专业，开设与之相对应的课程，这样才能体现现代教育的思想和特点。一个学校培养的学生进入社会，能否适应社会的发展，成为合格的会计人才，能否对企业未来所面临的机遇和风险做出正确的预测和判断，能否真正成为企业经济管理活动的参与者，确保企业的财产安全，关键在于掌握较强的专业知识，对相关的经济知识、法律法规知识有所了解。所谓“授之以鱼，不如授之以渔”就是要通过合理的课程设置，让学生掌握更多的相关知识，使之能轻松应对未来的变化。目前，我国正处于经济转轨时期，学生掌握专业知识、相关经济知识，培养良好的纳税意识，可以更好地服务于企业，体现教育面向社会、服务社会的宗旨，这对学生未来的继续学习和发展也是十分必要的。而培养学生的继续发展能力，合理设置教学课程及内容起着至关重要的作用。

三、实践性教学是实现教育目标的具体体现

会计教学不同于其他学科，教学效果往往体现于学生的动手能力的强弱和能否对经济现象进行正确的判断和理解。如果高校的会计课教学只侧重于理论知识的掌握，那么则是“纸上谈兵”，会导致学生对所学知识知其然而不知其所以然，无法培养学生发现问题、解决问题的能力。实践是理论知识转化为应

用能力的过程。实践证明，通过实践教学的实施，90% 以上的学生对所学的理论知识有进一步的理解。实践性教学进一步夯实了学生的理论功底和动手能力，提高了学生未来走向社会、面对复杂经济业务的应变能力。但目前的实践性教学还没有做到与企业、社会的紧密结合，多半还处于封闭状态，操作方法多为教师以统一的教材为学生讲解示范，布置每一天应该完成的业务，实习结束后教师给出标准答案。这样的实践难免会使学生形成一种依赖思想，导致学生在实际工作中难以适应错综复杂的经济业务。因此，在实践教学方面，教师的教学应逐步由“封闭式”走向“开放式”，主动与社会和企业“联姻”，让学生接触真实的经济业务，削弱学生对教师的依赖，使学生在实践中不断成长。

综上所述，中国实现现代化，就是要把国家建设成为繁荣富强、民主文明的社会主义国家。从这个意义上来讲，职业教育的发展，就是要为我国经济建设和发展培养高素质的专门人才。职业教育对会计人才的培养，不仅教育目标要与社会发展同步，还要注重现代经济知识和先进的管理知识的融合，突破原有的学科结构，实现多学科的有效融合，根据社会发展的需要，适应现代知识经济瞬息万变的特点，以培养素质高、能力强的应用性会计专业人才为目标，为社会培养和输送高质量的经济管理人才。

第三节　国内外会计人才培养研究评述

一、国外会计人才培养研究评述

发达国家的职业教育历史悠久，早在 10 世纪以前就出现了职业教育的雏形——学徒制。11 世纪以后，学徒制慢慢演变为行会学徒制培养模式，又经过几个世纪的历史演变，形成了较为完善的人才培养模式。典型的人才培养模式主要有以澳大利亚为代表的“行为引导教学”模式，以德国为代表的“双元制”模式，以美国为代表的“CBE”模式（计算机辅助教育模式），以英国为代表的工学交替模式、以日本为代表的产学合作模式等。

在德国的“双元制”模式下，企业和学校联动培养学生，结合职业技能证书考核方式验证教育质量。

澳大利亚的“TAFE”，即技术和继续教育，构建了集技术教育、成人教育、职业教育、继续教育等为一体的教育模式，并建立了一个全国统一的技术认证框架体系，使不同层次、不同形态的教育形式相互融合、交叉，形成具有梯度发展模式的教育综合体。在澳大利亚，凡是要从事技能岗位的人员必须取得对应的技术认证资格，否则不准进入该行业就职，澳大利亚职业教育的人才培养目标是培养具备较强动手能力，同时又具备分析、解决实际问题能力的技能型人才。行业制定教育培训的内容，并规定不同专业岗位应具备的技能、文化以及素质标准，学校再根据标准对职业技能进行组合，最后由行业授予合格的学员资格证书。

澳大利亚这种根据职业资格证书来制定人才培养方案及目标，明确以就业为导向的培养模式，很好地将行业要求与职业教育培养相结合，大大促进了教育质量的提升。

“产学合作”人才培养模式主要包括学校与行业在办学上的合作、在科研上的委托关系、在人员上的交替、在资金上的资助等方面。产学合作的具体实施是学校向行业提供人才，行业为学生提供实习条件，同时对学校进行资助，促进学校开展科学研究：学校将科研成果提供给企业；学校承担企业的委托研究，企业委托学校培养和提高研究开发人员的研究水平。学校与企业的这种合作是双赢的，既提高了企业在市场上的竞争力，又提升了学校的科研能力。其形式主要有行业向学校投资、企业与学校在人员上互相交流、企业委派项目等。学术振兴会在人才培养过程中发挥了重要的作用，是日本学术振兴事业的中心实施机构，促进了学校科研与行业发展的联动。

二、国内会计人才培养研究评述

目前，我国有关会计专业人才培养模式的研究主要有以下几点。

（一）人才培养模式概念界定的研究

教育部政策法规司原司长孙霄兵在《教育规划纲要》中提出：人才培养模式的创新是人才培养体制改革的核心环节。

创新人才培养模式一定要做到三个注重，即要注重学思结合，还要兼顾知行统一以及因材施教。这是针对当前人才培养过程中存在的重共性轻个性、重理论轻实践、重灌输轻启发等弊端提出的，是人才培养模式改革的重心。2012年杜利文在《高职会计专业人才培养模式新探究》中明确指出，人才培养模式就是回答“培养什么样的人”和“如何培养人”这两个问题，简言之，人才培养模式就是目标、过程加方法。2013年张瑞芳在《关于高职会计专业人才培养模式的思考》中指出，人才培养模式直接影响人才培养的规格和质量，也是实现人才培养目标的具体实施形式。人才培养模式应与办学模式相匹配，促进特定办学目标的实现。

（二）人才培养模式现存问题的研究

2011 年周成彧在《基于工作岗位的高职会计专业人才培养模式探析》中指出，当前会计专业人才培养模式存在的问题有人才培养岗位目标不明确、课程体系与工作岗位脱节、实训环节与实际岗位相差太远等。2012 年张首楠在《社会需求视角下的高职会计专业人才培养目标研究》中指出，现有人才培养目标没有特色，不能结合市场的差异化需求而进行调整，致使培养出的学生不能完全满足市场需求，对学生日后职业规划及发展不能起到促进作用。2013 年樊婵婵在《试析会计专业人才培养模式存在的问题以及对策》中指出，会计专业人才培养模式存在的问题有教学改革停留于表面，不能很好地指导实践；教学方法停留于应付检查，未能应用于常态化教学；教学手段单一，教师不能较好地结合信息化手段展开教学等。

（三）人才培养模式改革的研究

2010 年 11 月洪连鸿在《高职会计专业课程体系的构建》中，提出会计教学与企业实际工作相结合是会计专业培养技能型、应用型人才的基本途径，并且提出将共同开发会计专业课程融入校企合作。2013 年袁雪飞在《在产学研结合下高职会计专业人才培养模式的探索与实践》中指出，高校应通过产学研的紧密结合，将学校创造的科技成果尽快转化为产业优势，从而推动区域经济的增长。这篇文章指出产学研结合已经成为学校发展的一个重要策略，同时指出真正的顶岗实习不同于普通实训，要求学生完全履行实习岗位的所有职责，要独当一面。这种实习一般安排在学制的最后一年，让学生在校经过充分的理论学习后，再参加顶岗实习，这样才能真正发挥顶岗实习的作用。

2012 年，许蔚君在《高职院校 2+1 校企合作会计人才培养模式研究》中指出，会计专业人才培养模式改革要借鉴并利用校企合作模式来展开。校企合作是学校谋求自身发展、实现与市场接轨、大力提高育人质量、有针对性地为企业培养基层实用型技能人才的一项重要举措。其主要目的是将学校传授给学生的理论知识与企业提供给学生的具体实践相结合，让学校和企业实现资源共享、相互补充，以切实提高育人的时效性和针对性，提高育人质量。

适合会计专业的校企合作模式主要有两个：一是工学交替。工学交替的具体实施方式有两种：①工读轮换制，将同一年级的学生按照技能理论水平、职业道德等综合标准分为两部分，然后将学习水平相对较高的一部分学生送去企业培训，另外一部分学生继续留在学校接受理论学习，按照学年或者学期进行换班；②全日实践，业余上课制，将学生全部送往企业，按照正常上班制度，接受全日制的实践，利用业余时间进行理论培训。教师通过授课、讨论等学习方式使学生将理论与实践相结合，真正实现理实一体化模式。目前，德国的一些职业院校已经采用了这种模式，而且取得了一定的成效，我国一些高校也在积极探究这一模式。二是校企互动模式。学生可以到企业提供的特定实习基地，利用其提供的设备、材料等进行模拟实训，实现理论与实践的结合，学校向企业员工提供理论培训机会，提高他们的职业素养及理论水平。企业可以指派专业技能人才以及优秀的管理人才到学校参与专业技能方面的教学，并参与制订理论教学及实训教学计划，这样就实现了校企双方的互聘。校企互动模式，一方面为企业节约了人力资本，促进了企业的对外交流合作，也为日后的招聘工作奠定了基础；另一方面节约了学校的实训经费，同时也使学生的理论与实践有效结合，达到了培养技能型人才的目标，实现真正的校企双赢。

综上所述，国外职业教育经过多年实践，形成了较为成熟的人才培养模式，我国应用型人才培养的思想和模式也不断发展。近几年，随着会计行业的发展，各高校的会计专业开始进行人才培养模式改革，很多专家学者也开始研究具体改革策略，并且得出了一些研究结论，值得我们借鉴。

第四节　会计教学改革的必要性与可行性

一、当前会计教学改革的必要性

随着互联网时代的到来，经济全球化的趋势进一步明显，会计教育环境也随之发生变化，面对飞速变化的世界，会计专业教育也应该适应时代发展，充分利用互联网促进会计教育的发展。时代的变化必然对会计教学提出新的要求，具体如下。

（一）“互联网 +”时代学生创新能力的加强

“互联网 +”时代会计专业学生要同时具备强大的解决会计事务的技能以及创造才能。其既表现在制定和完善公司内的各类方法准则，创建有效的内部控制机制方面，又表现在满足会计督查、核算等具体会计岗位的需求方面。随着会计行业的持续发展，创造能力变得越来越重要，社会对会计人才素养的要求越来越高。

（二）“互联网 +”时代学生应变能力的需要

“互联网 +”时代，互动性、及时性和变化性是市场信息的三大特点。会计专业的学生不仅要掌握会计学、管理学、经济学等方面的基础知识、内容，从而拥有胜任本专业岗位的技能，更需要具备适应将来快速变化的会计环境的能力。衡量学生素质的标准不能只是是否适应现在岗位，还要看他是否可以把新知识引入现有知识体系中，即看学生的潜力及其发展情况。换个说法，即懂得在已然变化的客观环境中，使用基础原理和专门学问去处理、解析现实问题，寻求新的工作方法。

（三）“互联网 +”时代学生研究能力的提高

“互联网 +”时代，由于资源丰富，我们要接受的信息量巨大，所以每个人都要提高各方面的能力，成为一名综合性人才。会计专业学生不仅要有较强的获取与处理信息的能力、人际交往能力，还要具备必需的研发技能，并掌控资料查找、文献搜索的基本方法。因此，为了训练学生探索新知识的能力与思维，能力培养应贯彻于教育的全过程中。

（四）“互联网 +”时代学生综合知识的增加

会计专业学生不仅要熟悉国家相关法则、策略及目标，还应知晓国际会计条例，具备很高的专业外语与公共外语水准，具有相应的国际经济交流需要的学问，特别是贸易、金融、税收、会计等方面的学问，并且信息科技学问一定要掌握，即一定要具备操作计算机的能力，包括运用和维修计算机，利用计算机软件创建各类解析模式。学生要具备通过计算机软件实施解析、操控、决断、展望等会计组织的能力以及运用计算机实施审核的能力。

（五）“互联网 +”时代通用型会计人才的要求

“互联网 +”时代共享的信息资料为世界各地的学生打开了学习之门，促使高校教学模式发生变革。

会计专业毕业生要能胜任与会计有关的管理岗位，还要能胜任各种所有制公司、组织、行业中的会计岗位。

二、当前会计教学改革的可行性

如今科学技术对经济发展产生的影响越来越大，科技成果转化为生产力的周期也越来越短，知识更新换代的速度正在加快。不同领域、学科互相交叉与结合的情况越来越多。经济的全球化已经形成气候，以电脑技术为代表的信息技术已经渗透于会计教学和实务的各个方面，所以我国会计教学的信息化和国际化是必然的。信息教育、专业教育、创造性教育、道德教育、外语教育和计算机教育六大体系构成了 21 世纪会计教学引导思维的主体。

（一）国际化为会计教学改革提供了方向

互联网时代，信息沟通顺畅，经济更加趋于多元化和全球化，所以我们要不断推进会计教育的国际化。会计教育的国际化包括教育形式和培养目标的国际化。目前国际化的关键点在双语教学方面。会计的双语教学主要包括教材的国际化、授课和考试国际化、师资队伍的国际化三方面，这三方面也是我国会计教育目前面临的三大问题。在英文原版教材的选取上，很多高校存在版本过旧问题，未能及时根据国际变动而更新。在授课方式上，教师没有完全将外语形式的专业教育与外语语言教育区分开来。在师资队伍上，学校过于依赖有限的本校双语教师，而未能发挥外教作用。其实，适当以外聘或同国外大学合作的形式引进国外会计专业教师，可能会收到更好的效果。

（二）综合性发展为会计教育改革确立了目标

高校也认识到训练学生综合能力的重要性。对会计专业来说，训练会计专业学生实务操作能力、理论知识以及经济法规、会计法规、职业道德等内容缺一不可。所以，目前会计专业学生的综合素质也在不断提升。

（三）信息化建设为会计教学改革奠定了基础

在会计教育的信息化方面，目前国外已经开始使用可扩展商业报告语言作为财务报告的主要形式，我国有必要将这一最新成果融入会计教学和科研。可扩展商业报告语言，是以统一的计算机语言形式和财务信息分类标准为基础，使财务信息可以跨平台、跨语言，甚至跨会计准则，进行即时的、电脑自动化的上报、搜集和分析的一项信息技术。

我国的会计信息化教育可以此为着重点，抓住当前的机遇，满足时代的要求。

（四）专业化和实用性为会计教育改革提供了途径

随着社会竞争的不断加剧，会计专业的学生面对用人单位的现实要求与社会发展的需求，需要提高自身的综合素质，满足社会对会计专业学生的需求。

学生的训练方向是由高校依据用人机构和社会部门的需求决定的，也是高校在教育教学过程中尽最大努力为学生提供模拟与实习机会的原因。从实践情况看，一般用人机构不愿意劳心费力去培养会计专业学生原本应当在学校学习中获得的能力。所以，会计专业的教育教学在高校的发展思路越来越趋向于实用。

第二章　会计教学的发展现实

随着网络的普及以及信息时代的到来，传统意义上的会计发展模式已经不能适应社会的发展。在当今互联网的时代，信息的快速流动已经成为每个企业发展的关键因素之一。因此，事关企业经营效益的财务部门以及数据信息的流通已经成为企业发展的重中之重。在这种社会背景下，会计行业的转型及信息业务水平的提升就显得很有必要。本章主要内容分为会计发展的新模式、会计教学的环境分析、会计教学存在的问题以及会计人才培养的现状四部分。

第一节　会计发展的新模式

一、云会计

（一）云计算的定义及模式

云计算通过互联网为用户提供易扩展且虚拟化的资源，是以互联网为媒介实现相关服务的一种新的资源提供模式。云计算从诞生之日起，便以其超快的发展速度霸占了学术界和行业界发展的核心地位。

在以信息产业为研究对象的专业研究人员看来，云计算是以实现信息商业化为目的，以互联网的形式对信息进行储存、加工、处理的一种按使用量付费的模式。

云计算是一种前所未有的以虚拟化资源为主题的新兴技术和新兴组织形式。这是美国国际商用机器专家对云计算的看法。

在进行了相关的调研工作以后，日本株式会社三菱综合研究所将云计算定义为利用互联网的灵活性与自由性实现数据在虚拟网络计算的一种新兴技术。

综上所述，我们可以将云计算定义为一种以互联网为媒介，以为企业服务为宗旨的发展形式。

云计算是互联网发展的附属品，是一个内容丰富的大型储存器，一旦人们将需要查询的信息输入搜索，它就会通过自己的分析、过滤和计算，立刻为用户提供所需的信息。也就是说，人们可以随时随地在任何一台相关数据设备上根据自己的需求查询所需信息，并不局限于某一固定的设备，云计算在减少投入资本，提高工作效率方面具有显著的优势。然而当云计算与大数据相结合时，它的服务模式就会以云计算的储存、技巧及分布式处理等为依据变得相对复杂起来。其具体的应用模式有以下三种。

1. 软件即服务

这种模式指服务软件的研发商将产品安装在自己的服务器上，顾客以自我需求为依据提出购买或者租赁申请。在这种服务模式中，用户以所需的服务时间、种类来支付费用。其灵活、固定的服务模式，得到中小企业的广泛认可，其中以在线会计服务最受欢迎。这种服务模式以本公司所开发的软件并不安装在自己公司，而是投放在相应服务器上为特征。

2. 平台即服务

这种模式指开发商以用户的需求为依据，以开发环境和运行平台为媒介，以在此基础上建立的软件为平台为顾客提供相应服务。这种服务模式因其流动资金少、运行成本低和开发速度快的优点深受企业青睐。

3. 基础设施即服务

这种模式指以基础设施为媒介提供服务的模式，一般情况下包括服务器、网络、储存及数据中心等基本设施。换句话说就是企业首先要为基础设施的建设投入资金，基础设施建成以后在厂商的组建下形成一个向用户提供虚拟资源的“云端”，用户以自我需求为依据查询相关内容并支付费用。该服务模式最大的特点是资金投入多。

（二）云会计的定义及其优势

在云计算迅速发展的情况下，利用云技术在互联网上构建虚拟会计信息系统，完成企业的会计核算和会计管理等工作的云会计得到了快速的发展，并被社会广泛认可。

在《“云会计”在中小企业会计信息化中的应用》一文中，程平、何雪峰以顺应互联网发展趋势，并向企业提供网络会计相关信息为主要服务目的来定义云会计。云会计因国家环境和定义角度的不同而有各种解读。日本对于云会计的解读主要基于其使用和组建的方法，以以云计算为基础的会计服务系统或者说是云计算在会计服务业上的应用为论点，来讨论云计算与云会计之间的相互联系。以互联网为媒介向社会提供会计服务的企业广泛认可“云会计”的名称，并从这个角度解读了云会计：以互联网为媒介向社会各界提供所需的软件服务，并以其提供的服务收取相应回报的新型会计服务模式。其中，保存这种信息的云服务器是关键因素。

云会计服务在网络的普及和计算机技术不断提高的社会背景下，因以下几个优点受到大多数企业的追捧。

第一，降低会计信息服务的投资及运行成本。这一点主要体现在以下两方面：一是企业并不需要购买整个系统，只要根据自己的需求支付使用费用即可，从而节省了大量资金投入；二是云计算的系统维护与升级由其专业开发人员负责，企业因此减少了运行成本。

第二，为更多的人群提供云会计信息。这一点主要体现在以网络和云计算为基础的云会计服务上，因其客户端可以随时随地为用户提供服务，因此在一定程度上实现了会计查询及使用信息的共享，为用户随时查看信息提供了相应的保障。

第三，在一定程度上提高了财务监控的工作效率。一方面，在云会计的服务网络中，业务人员与财务人员之间的交流摆脱了时间与空间的束缚，提高了监控效率、增强了有效沟通。另一方面，服务软件自身具备的监控效能进一步提升了财务部门的监控能力。

第四，财务相关工作者的工作效率得到提升。一方面，在云计算的服务下，公司的财务部门可以随时记账、报销，从而为企业高层更全面地评估经营状况、预测和规避财务风险提供了保障。另一方面，云会计实现了各个部门的有效交流和更深合作，从而为财务部门工作效益的提高保驾护航。

云会计在云计算的理论与实践基础上全速发展。云会计在财务工作的各个领域都以其独特的优势领先传统意义上的会计工作。我们有理由相信在互联网技术不断应用与更新的未来社会，云会计会保持并巩固自身优势，得到财务界更加广泛的认可。

（三）云会计发展面临的挑战

同其他事物一样，云计算给云会计的发展既带来了好的影响，又在一定程度上造成了挑战，是一把双刃剑。云计算一方面有利于企业会计工作网络信息化、数据化的开展，另一方面其安全性存在很大的隐患。在网络时代，云计算的研发者虽然都已设置了较高水平的安全机制，但仍不能保证百分之百的安全。对于企业的发展而言，如果财务数据被窃取，肯定会使企业的立身之本发生动摇。这种社会背景下，强化云计算的安全性和打消企业对云计算的顾虑，成为云计算发展需要解决的问题。现在将制约云计算和云会计进一步发展的因素总结为以下两点。

1. 数据保障安全性存在的隐患

在云会计运行体制中，企业的财务数据在互联网上进行交接，网络成为数据的新型载体，伴随着载体的转变，数据流通的确认方式也逐渐多样化。在这种情况下，网络的相对开放性为不法分子作案提供了可能。精通计算机各类技术的计算机高手或者同行业的竞争者可以制造病毒程序在数据的传输过程中窃取或者擅自修改企业相关信息，企业数据保管人员安全意识欠缺也可能为不法之徒提供可乘之机。这些使云会计的安全问题遭到了广泛质疑。而对于处于竞争激烈的市场中的企业来说，企业的核心机密无论以什么样的途径被泄露或者被篡改，都会造成企业的巨大损失。

2. 过分依赖云计算的研发者

云会计的运行完全取决于云计算的研发人员。而云会计的服务质量及售后保障对企业的财务工作有巨大影响。换句话说，一旦云会计的研发停止或者售后保障人员难以提供及时有效的技术更新，就会对企业的发展造成不可挽回的损失。

二、财务共享服务

（一）财务共享服务的含义和发展

经济全球化和互联网信息时代的到来对社会经济及企业的发展提出了挑战，主要体现在商业经营形式的转变、管理体制的更新和产业生产链重组等方面。会计行业的变革也是遵循时代的发展规律而逐渐兴起的，在会计领域的主要表现就是财务共享服务的展开。

财务共享服务的定义是遵循财务业务的运转流程，以现代信息技术为依托，从社会需求的立足点出发为广大用户提供专业的服务，以期达到降低资金投入、规范操作流程、提高工作效率、增加社会价值的目的。

财务共享服务主要经历了集中化、第一代共享、第二代共享、第三代共享四个发展阶段。下边我们对各个发展阶段做简单阐释。

①财务集中化阶段。财务集中化是以降低资金投入和提高工作效率为主要

目的，将信息进行集中处理的服务模式，但其集中处理的流程及具体操作规范存在争议。

②第一代共享阶段。与财务集中化阶段相比，更加节省投入资金是这一阶段的一大亮点。这一阶段企业一方面扩大经营规模，另一方面尽量减少不必要的资金投入，同时兼顾人才的选拔与培养，对企业工作的规范化也是这一阶段的主要发展方向。

③第二代共享阶段。这一阶段延续了第一代共享阶段节约成本的优点，并在此基础上进一步加强落实，同时针对第一阶段存在的服务质量有待提高等问题进行了改进。

④第三代共享阶段。这一阶段产生于计算机及网络飞速发展的社会大背景下，具有前三个阶段都不曾拥有的新功能。例如，云会计的产生为进一步整合分散的信息提供了可能，从而达到了更好聚集财务信息的效果，可以为更广大的用户提供所需信息。

（二）财务共享服务的理论基础

财务共享服务是来源于共享服务，并以共享服务为主要目的的一种分布式管理模式。而共享服务是学者针对企业经营管理存在的问题提出的新型管理模式。其关键内容是对企业所需要的人力资源和技术资源在一个平台上进行分享。其分享的服务类型不仅包括财务及采购方面的基本内容，还包括法律信息参考、人才资源共享等方面的内容。

规模经济理论、竞争优势理论、组织结构扁平化理论、业务流程再造理论、集团管控理论、资源配置理论等是共享服务理论基础所包含的内容。

1. 规模经济理论

企业生产规模扩大的同时，逐渐降低每个商品生产的固定及综合成本，从而促进生产量的增多和生产效率的提高，以期获得更多的生产利润。而共享服务所发挥的作用就是整合功能相同的部门，开拓新的业务，不断扩大企业生产规模，使生产成本得到进一步的控制。

2. 企业竞争优势理论

处于共同的竞争市场和面对共同的消费人群的两个企业，能在市场竞争中占有更大市场比例、获得更多利润的，必定是具有一定竞争优势的企业。而共享服务就是以形成企业的竞争优势为目的，不断更新管理理念并对相应资源进行整合。

3. 组织结构扁平化理论

这种理论的特点是打破传统公司的管理模式，压缩不必要的中间管理阶层，减少不必要的人员投入，从而构建一种较为直接的管理模式。减少不必要的人员投入有两方面的益处，首先，对于领导者来说，有利于管理层更加直接地把握市场动态，并以此为依据调整公司政策方向。其次，对于基层工作人员来说，中间管理层的削减有利于整个工作机制的简洁化。共享服务的工作机制是将分离出来的工作统一解决，而核心工作由专业技术人员重点解决，即通过集中核心资源与优势技术来提升服务质量。这种组织结构扁平化理论，在降低运转资金、增加市场应变能力、顺应市场发展趋势、减少工作时间、提高工作效率等方面具有显著优势。

4. 业务流程再造理论

这一理论是美国人迈克尔最先提出的。这一理论将业务执行或者说是实施过程中烦琐的、不必要的程序剔除，并对必要的流程进行新的排列组合，最后依靠计算机现代技术实现再造的终极目标。所以，业务流程的再造其实是对业务流程进行完全的改革。业务流程的再造在为共享服务节省成本、提高工作效率的同时，也为企业之间竞争的展开和整体社会价值的提升创造了条件。

5. 集团管控理论

母公司在合适的激励机制下，使各个分公司在积极响应母公司决策方案的前提下，鼓励员工排除万难，为实现母公司的战略意图努力奋斗。而共享服务管理模式在为子公司提供共享服务的同时，既降低了子公司的运行资金投入，又在一定程度上提高了子公司信息采集与流通的效率和质量，提高了两者之间的知识匹配度。

6. 资源配置理论

这一理论指企业将相对稀缺的资源进行合理分配布置，以期用最少的资源收获更多的市场利益。共享服务的运行机制正好与资源配置的理念一致，主要体现在共享服务实现了优势稀缺资源的重新整合，在一定程度上提高了资源利用率，同时优势资源的整合有利于企业集中力量做大事，从而获得更强的市场竞争力。

（三）财务共享的注意事项

财务共享对企业的发展有利也有弊，是一把双刃剑，虽然它是企业财务服务水平和整体效益快速发展的动力，但是初始投资高、回收期长、对原有机制造成冲击等都是财务共享的副作用。为了扬长避短，最大限度地发挥财务共享的“正能量”，财务共享实施过程中应注意如下事项。

1. 可靠的技术保障必不可少

超强的信息技术支撑是财务共享服务中心正常运转的保障，同时也是解决其运行过程中出现的安全问题、灵敏度问题、产出效能问题的技术保障。

2. 财务共享中心的选址也很关键

办公地址的合理选择是财务共享战略正确实施的第一步，也是最关键的一步。是否有利于与外界沟通，沟通费用的高低，是否接近高质量劳动力，有无国家扶持政策，周围环境的好坏，是否接近广大消费人群等，都是选址时需要考虑的因素。

3. 提高人们对财务共享平台的接受程度

对于任何一个企业来说，财务共享都是一个新事物，都会对原有的企业经营和管理模式产生一定的冲击。新事物的发展往往会经历坎坷与磨难，也就是说新事物的发展前途是光明的，而过程是坎坷的。也正因如此，财务共享在其运行初期必然会遭到一部分人的反对。在变革管理理论的持有者看来，任何一项重大变革的初期都会经历这样一个时期，大部分人持观望态度，而支持者与反对者势均力敌。显而易见，变革成功的关键在于使观望者逐渐接受新事物，并对新事物持支持的态度。

因此，对于变革管理制度的企业来说，在变革的初期就利用舆论的压力迫使观望者转变态度至关重要。对于员工来说，持反对或者观望态度的原因大都是害怕变革影响个人利益，或者是对新事物不适应，因此，公司在财务共享平台投入运营之前，与员工进行有效沟通是加快变革进程的必然之举。

4. 化解财务共享计划对原有企业文化的冲击

财务共享计划使财务共享中心与公司其他业务部门间的关系由传统的行政等级制转变为业务合作伙伴的关系，会冲击企业之前形成的文化。财务共享平台在运行的初始阶段可能因为员工的抵制而达不到原有的工作效率。在这种情境下，公司使工作中的员工保持工作的积极性十分必要，可以就财务共享中心与业务部门间的服务范围、成本和质量等事先签署协议，照章办事，提高财务共享中心的工作效率。

三、在线会计服务

（一）在线会计服务内涵

所谓在线会计服务，是以互联网技术为基础，以云会计运行理念为指导而创建的以互联网为媒介的新型会计服务形式。开发企业将财务软件分享在互联网平台上，用户根据自己的实际需要随时随地在互联网上获得所需信息，管理财务事务，并支付相应的费用。

（二）在线会计的特点

1. 会计业务开放化

在线会计服务通过将软件分享在互联网平台的形式，为所有用户提供所需信息服务，因而具有开放性的特点。

2. 经济主体对等化

在线会计服务在为会计行业的组织和单位提供服务的时候，二者之间是平等且对等的主体，二者应该互相尊重，共同发展。

3. 信息资源共享化

在线会计服务除将自己的信息以互联网的形式分享给会计相关工作人员外，也为相关工作人员交流经验、分享知识提供了平台。

4. 会计活动服务化

在线会计服务，是一种与时代发展同步的网络新型服务形式，在为企业相关决策人员提供理论知识和管理建议的同时，也为会计运转流程的设计提供参考信息。也就是说在线会计可以通过互联网平台，以他人为中介，为企业提供优质服务。

5. 会计业务高效化

在线会计服务，通过互联网平台，以其方便、快捷、容易操作的特点广受会计工作人员的欢迎。会计工作人员可以在网络上随时做账和查找相关数据，在节约资源和时间的基础上，大大提升了会计行业的工作效率。

（三）在线会计的优点

1. 易学易用

与传统财务软件不同，在线会计服务软件不需要正式购买软件，用户只需在互联网上以租赁的形式使用，在软件自行完成更新以后，用户根据软件简洁、明了的指导说明，自行学习即可应用。

2. 服务对象广泛

在线会计服务适用的范围包括从小型代理记账公司到大型上市公司的所有类型的企业，而其主要服务对象是经济市场上为数最多的中小型企业。

3. 注重保护用户数据的安全

在线会计服务软件克服了以往财务软件存在的数据丢失的风险，不论在技术层面还是在安全保护、法律保障方面都有完美而缜密的设计，从而规避了数据丢失、账号被盗所造成的风险。

4. 为企业提供便捷的会计服务

使用在线会计服务的工作人员只要有计算机便可以随时随地进行记账等相关日常工作，在工作进行的同时可以通过互联网将信息数据实时分享出去。而企业的管理人员通过互联网可以以邮件或者其他形式对公司的财务情况进行了解和监督。

5. 企业可以低成本地获得满意的会计服务

①企业在互联网上以租赁的形式获得所需的有关服务，并支付一定的租赁费用，这种服务形式使企业减少了设备投入的资金和维护费用，解决了传统会计服务耗时、资金成本高、耗力的问题。

②线上会计服务软件的系统维修、更新等都由开发企业来负责，因此节省了用户的维修时间，也在很大程度上减少了日常设备、系统维修所需要的资金投入。

（四）在线会计服务的现状

在线会计服务是顺应互联网大数据时代而产生的新兴事物，与其对应的在线会计产品也是以前市面上不曾出现过的新兴产品，因此在其运行和推广进程中难免会遭到质疑或者出现问题。它本身仍存在一些不足，有待完善。这些不足主要表现在相关法律制度不健全、信息安全保障存在隐患、从业人员缺乏诚信、监督管理机制不规范等方面。然而，不可忽略的是虽然在线会计服务的机制尚不完善，但其具有非常广阔的潜在市场，所以其发展前景是光明的。对于数量众多的中小企业来说，在线会计服务在减少企业运转资金的投入、提高企业财务能力和增加企业市场竞争力方面具有显著作用。随着在线会计服务机制的逐渐完善和市场推广力度的不断增强，其优点得到了社会的广泛认可，在这样的背景下，众多软件公司纷纷加入这个行业。

第二节　会计教学的环境分析

一、社会环境变化

任何形式的教学活动都会受到相关外部条件的影响，我们将这种外部条件统称为教学环境。而会计教学的相关外部条件之间相互影响、相互制约，形成一个纵横交错的网络，从而深刻影响会计教学活动的展开。在知识经济时代，经济全球化的步伐从未停歇，而互联网的普及又使会计教育环境具备因素复杂、变化迅速的特点。在这样的时代背景下，会计专业教师只有快速适应环境变化，并制订适合的培养计划，注重培养学生的适应及创新能力，才能培养出与市场需求相符的新型人才。在当前环境下，会计教育的开展应注意以下几方面。

经济基础决定上层建筑。社会经济环境的发展为会计行业的生存发展提供了必要的土壤。在企业对自身运行机制及管理模式大变革的同时，会计行业也逐渐将其范围由简单提供财务服务，扩展到为企业破产、兼并、租赁等活动提供相应服务，其服务内容也增加了投资、网络交易、三方交易等。会计行业的这些变化都是在生产力发展促进生产方式发生转变的基础上实现的。换句话说就是物质资料决定生产方式。我国对政府与企业之间的关系进行逐步调整，政府职能更加注重增加社会福利，完善社会保障，并将环境保护作为国家经济进一步发展需要首先解决的问题。在这样的努力下，我们的生活环境将会逐渐改善，社会教育环境也会逐渐净化。

随着社会经济的发展，有关环境保护、社会福利、社会保障等方面的会计学知识将进一步完善，并逐渐成为大学会计教学内容的重要组成部分。

政治环境是一个国家在一定时期内制定的各项路线、方针、政策和整个社会的政治观念，属于上层建筑范畴，会对会计行业的发展产生直接影响。不论是市场资源配置和管理的要求，还是社会财富的衡量标准、财务的计算处理方法，都是与国家政治体制相适应的。随着市场经济体制的确立，改革开放进程的加快，金融市场变得更加重要。在我国，金融市场不断发展，产业资金与金融资金的联系也日益紧密，金融资本对经济发展的影响力不断增强。因此，银行会计、保险会计等日渐重要的会计形式，也成为会计教学的主要内容之一。

二、信息技术革命

社会经济运营模式的彻底性改变得益于成长的现代信息科技，其核心是网络、通信与计算机科技。

第一，会计信息体系依托于现代信息科技，是在网络平台上创建的高功率、智能化的信息管理体系，不仅能够分享会计信息，把会计信息体系变为一个开放的体系，并将其计算职能拓展为管理与掌控职能，还能够深度自动化处理会计事务，并及时上报会计信息。

第二，会计主体传统的金字塔式结构在信息科技的推动下被新的网络组织结构所代替，中层管理将渐渐淡出历史舞台，而下层与上层的关系将更为直接和密切。如何准确监察和反映公司经济行为这一问题必然会随着社会变化而得到新的解答。会计专业一定要与会计教学相融合，对教学方式、手法、内容实施做相应的变革。

三、经济全球一体化

在世界经济逐渐成为一个紧密联系的整体的今天，全球的商品、信息、技术和服务等资源都以实现全球资源的优化配置为目的而自由流动。会计行业在经济全球化的进程中扮演了推动者的角色。会计与音乐一样是没有国界的，因而可以作为商业交流的专用语流通于各国。然而国际会计准则之间的巨大差异成为经济全球化发展的巨大障碍，不但会增加资金消耗，浪费资源，同时还可能在各国贸易时引起纷争。

因此，制定一个国际共同认可的会计制度与准则势在必行。世界经济全球化是推动会计行业国际化的原动力，而全球化又对我国会计教育的发展提出了新的要求。全能型国际人才日益成为市场需求的主流。在这样的全球形势下，国外教育机构纷纷采取优惠政策吸引中国学生出国深造，与此同时，国外企业在中国办学教育的限制也逐渐放宽，从而对我国教育行业造成了强烈的冲击。而会计资源的争夺又给我国会计教育事业的发展提供了新的契机。我们可以将国外成功的教学经验与我国的具体国情相结合，制定适应我国国情的会计教育发展策略。

随着经济全球化的深化，克服因国家之间社会背景及经济、政治背景不同所造成的会计准则与规范的差异，促进国际通用会计准则的发展，增加会计信息的可靠性，推动会计国际化，降低交易成本，进一步促进国际贸易的开展，已经迫在眉睫。

因此，我们有必要从国际角度对会计行业进行调整。经济全球化的背景下，经济危机也全球化，一个国家的财务危机很容易波及其它国家，也就是说国际环境日益复杂，增加了会计改革的迫切性。在科学技术强有力的支持下，会计国际化一定会取得有效的进展。

四、知识经济的发展

在当今以知识为基础的经济社会发展中，人类的知识储备和对有关信息的创造利用发挥着举足轻重的作用。换句话说，就是人类的智慧在经济竞争中的地位越发重要，知识就是生产力。中国科学院在有关知识创新的调研中指出：世界经济合作与发展组织主要成员国经济发展的主要动力是知识。知识已经成为推动经济发展的主要生产力之一。同样，在知识经济的时代背景下，会计行业的生存环境也产生了相应的变化。财务工作者需要适应时代需求，不断更新知识储备和工作技巧，真实地对经济发展情况做出反馈，从而为国家和经济社会的发展培养更多优秀的会计专业人才。

在知识经济社会中，虽然依旧有工农业的存在，但越来越多的人参与到新型经济发展中，其主要特点就是投放无形资产，提供越来越多的高回报的服务性业务，培养具备多种知识的人才。知识经济时代的信息技术为创新会计教育方式与教育手法提供了技术支撑。

五、教育机构的竞争

在全球化的今天，随着竞争的日益激烈，竞争的领域也逐渐延伸到了教育领域。在这样的社会背景下，国内高校开始与国际相关组织合作办学。这在会计行业主要表现为将国内的学历教育与国际的会计资格认证相结合，一方面有机会培养出国际认可的专业技术人员，另一方面在一定程度上改善了我国会计教育的落后局面。与此同时，我国对在华兴办教育的条件也做了相应调整，以吸引更多的外国资本来中国兴办教育。在这样的历史条件下，本土的教育结构就与国外新办的教育企业形成了直接竞争关系。互联网的普及加剧了两者之间的竞争。国际教育机构的竞争是一把双刃剑。一方面，在争夺教育资源的同时，为我国会计教育行业提供了接触先进知识的机会，有利于会计教育机制的改革和发展；另一方面，国际会计教育对我国会计教育造成巨大的冲击。顺应时代发展潮流，培养适合时代需求的新型人才是我国会计教育必须完成的任务。

第三节　会计教学存在的问题

一、高校会计师资体系不健全

在互联网时代，社会的不断进步要求教育工作者改变传统教学方式，将信息技术与教学相结合，适应新时代发展，但是，就我国会计师资队伍来说，仍然存在诸多问题。

（一）会计师资结构不合理

纵观各个行业，高水平的师资队伍往往具备以下几个要素：合格的受教育水平、具备一定的职业职称、合理的年龄结构等。相比之下，我国现在的会计师资队伍的整体水平及内部结构令人担忧。主要存在以下几方面的问题。

第一，受教育水平偏低。尽管我国曾在20世纪末以当时的历史发展阶段为背景对高校会计专业的高学历教师所占的比重有明确的规定，但是就现在高校的发展水平来讲，仍未达到当时的目标要求，有很多学历不达标的教师在从事会计教学工作。

第二，从教师的职称来讲，高级职称的教师所占的比例太小，大多数人都是讲师职称。并且职称结构不平衡的问题广泛存在于高校中。

第三，同一所学校中，师从同一个教师的学者或者说同一个学派的教师泛滥，导致学术交流及创新活动无法正常展开。

（二）会计师资队伍观念落后

从目前情况看，一些高校会计教师知识更新步伐不够快，缺乏综合的知识体系和创新思维。不少教师意识上仍旧以“教师为中心”，教育观念上以“传道、授业、解惑”为主导，这种偏向专业对口、注重以教师为媒介，以课本为知识来源进行课堂教育的理念，使学生往往局限于单一的专业知识，创造力和主体性都没能得到开发，从而在一定程度上阻碍了知识的传播和发展。在这种过分强调考试成绩，轻视实践能力的教育理念影响下，学生往往为追求高成绩拼尽全力，却成为行动的新手。很明显，这种传统教育观随着时代的进步、社会的发展，已很难适应经济、社会、科学技术综合化、整体化的发展要求。在知识加速更新换代的新时代，会计专业的相关法律、行为规范等也会随着时代的变迁和科学技术的发展有相应的改变，而此时如果教师不能将新知识、新理念传授给学生，限制了学生的发展，也就在一定程度上阻碍了这一行业的发展。因此，改变会计教师的教学理念，使他们顺应时代的变化，时时更新知识和教学技巧，是一项长远而又艰巨的任务。

（三）师资队伍教学与科研关系处理不够好

单纯以教师的理论研究成果作为考核的标准，而忽视其具体研究成果的实践应用，是长久以来我国教师评价制度存在的弊端。学校在教师评职称或者对教师进行量化评定时，重视教师的科研水平，忽视教师本身的教学能力，从而使很多教师难以在科研与教学之间取得平衡，是这种弊端的主要体现。在这种评价机制的影响下，教师纷纷投身学术研究。而会计专业对实践操作能力的要求非常高，如果教师在学术研究的重压下忽视了对实践课程的设计，将主要精力投入理论教学，从而忽视了对学生实践能力的培养，那么高素质、高技能的会计人才只会越来越少，难以满足社会发展的需要。

（四）会计师资队伍引进与管理的问题难以解决

高水准高校的评判标准包括高水平的师资队伍和优秀的学科领导者两方面。因此，花大价钱引进高等人才的行为也有其可取之处。但有的高校脱离自身发展的实际情况，片面执着于只要引进高水平的教师就能改变整个学科落后现状的想法，不对青年教师进行培养，这样会使原有的教师失去对本校的热爱，甚至辞职离开。这种单纯引进的方法，造成了原有人才的流失，不利于良性用人机制的形成，还会使原有的师资队伍元气大伤。另外，教师教学效果的好坏主要取决于教师主观意识的发挥，而教师聘用管理制度的落后及“铁饭碗”性质的事业编制，使教师缺乏进取心，也限制了师资队伍人员的更新。同时，不完善的考核机制很难真正调动教师的热情。

（五）会计高水平领军人才较缺乏、学术大师数量偏少

我国高校会计专业的师资队伍不管是受教育水平还是在职人员数量，都不能满足教育事业高速发展的现实需要，而高水平会计教师和学术性、创造性人才的缺乏，进一步限制了会计教育的发展。会计教育的不足主要表现在两方面：一方面，留学人员数量偏少，学术成就不高，很难在国际舞台上产生影响力，国际学科的领军人才较少，急需提高教师的国际学术竞争能力。另一方面，有些高校不重视对青年教师的培养，使他们缺少对先进知识钻研的动力和进行思维创造的勇气，很难成长为学术的领导者。目前高校教师科研压力很大，迫使一些教师过分追求眼前的利益，没有真正投身于学术研究的决心与耐心。所有这些对会计学科的健康发展都是不利的。

二、会计专业课程体系设置不合理

互联网时代的到来和互联网知识的普及，使人们的思想和生活发生相应变化的同时，也对社会经济的发展产生了不可磨灭的影响，会计行业也不例外。当前发展阶段，鉴于我国会计行业本身存在的问题，互联网对其提出挑战的同时也赋予其更多更好的发展机遇。在这个竞争与机会并存的时代，会计的相关工作人员只有不断汲取新的知识，更新观念，才能把握发展时机，以更好的姿态投身会计教育事业。

检索分析关于我国会计学专业课程体系现状研究的文献，查阅各个高校会计学专业培养方案、课程体系和课程设置，我们发现以下几个问题。

（一）缺乏专门的会计课程体系研究

经查阅发现，专门研究会计学课程体系的文献非常少，大多涉及该问题的文献也多是在研究专业培养模式、学科建设或质量工程建设等问题中，顺带研究课程体系问题，这说明大多数相关领导、教育学者及教师不是太重视课程体系的专门研究。可能的原因，一是领导不熟悉具体教学课程体系而更多关注的是培养目标、模式等导向性问题，教师关注具体课程教学研究而不关注整个课程体系的研究；二是相关研究者大多认为课程体系是和培养目标、培养模式有着密切联系的问题，从属于上述问题，并且课程体系是培养模式的直接实现方案——专业培养方案的重要组成部分，没必要单独研究。

其实这个认识是有偏差的。首先，课程体系是实现培养目标、贯彻培养模式导向的具体实施体系，它不是简单地从形式上去迎合培养目标，也不是按培养模式及课程设置模块去随意把各类课程拼凑在一起，课程体系应该是将培养目标贯穿于教育始终，在培养模式的导向和模式化要求下，把各类课程联系在一起，形成前后衔接，基础课和专业课、理论课与实践课程相互融合，必修课与选修课相互配合，课内学分要求与课外实践活动学分要求相互支持的有机体系，所以一个好的课程体系是有生命力的体系。其次，课程体系一般随着培养方案的修订而修订，大多高校是四年一个周期进行这项工作，在专业教学方案修订期间，一般是不会改变课程体系具体设置的。但社会环境在变，学生在变，最重要的是会计学的专业环境在不断变化并且知识更新的速度越来越快，课程体系的具体内容四年完全不变，是违反教学规律的。课程体系并不是实现培养目标、履行培养模式的机器，而应是“有呼吸”的有机体，在大方向和主要核心内容不变的情况下，在一个修订周期内应该根据环境变化的要求，推陈纳新，以适应形势的变化，培养更符合社会需要的会计人才。

所以，在缺乏对课程体系共性问题的研究的情况下，对课程体系进行独立研究是非常必要和非常急迫的。我们应使课程体系研究成为大家广泛认可的一个独立研究方向，其研究是非常重要的。

（二）课程体系的优劣缺乏评价标准

课程体系研究作为一项重要的内容，形成了几种典型的体系，高校在建设课程体系上也根据自身特点形成了自己的风格，并且在培养合格会计人才上取得了不少成果。但我们也应该看到，这种特点和风格更多是表现在形式上和某些功能上，课程体系的实施效果缺乏合理的评价标准和机制，更缺少调研分析及实证检验的过程，做得好或不好，只能靠几个大家认同的指标来评价，如课程模块的结构是否合理，课程配置、衔接形式是否合理，具体课程的教学效果，就业率等。在课程体系的整体作用、各类课程相互融合、理论实践课程融合方面，我们没有多少研究。只有专门开展课程体系研究，才能解决这些关键问题，使课程体系真正成为实现培养目标的重要工具。

（三）课程体系的研究流于形式

仅有的一些课程体系研究的成果，大多也是就事论事，关注课程体系中课程模块的比重问题、实践课程模块的比例问题等，很少能意识到课程模块及其比例构成只是课程体系的形式，而课程模块之间的有机联系以及课程体系实施后对学生知识结构及能力结构的影响才是课程体系研究的本质问题、关键问题。

三、综合实践能力培养不足

（一）实践内容缺乏全面性

财务会计专业是实践性很强的专业，因此需要教师在教学过程中将理论教学与实践教学完美结合。但是当前阶段财会实践教学情况不容乐观。主要原因有两方面：一方面是由于财会专业学生人数众多、实习经费不足、实习基地缺乏；另一方面是由于校外实习基地的企业出于商业安全的考虑，不愿意让能力有限的实习学生接触更多生产、经营、管理业务，从而导致学生的实践能力得不到开发，在校外只能接触辅助性工作，得不到真正的提高，实习成果欠佳。在这种情况下，学生的实践能力不足，短时间内无法适应企业工作，根本得不到实习单位的认可。在学校，会计专业的实践练习只是学校为了让学生实训而进行的模拟练习，在模拟的进程中学生由于条件的限制根本无法了解财会部门在企业中所处的地位，更体会不到它的特性，因而无法从根本上改变学生实践能力欠缺的现状。在大多数高校的课程安排中，“会计模拟综合实训”课程往往安排在所有的理论课程结束之后，集中一个学期进行练习，这种课程安排的弊端在于理论学习与实践操作分割开来，达不到理论指导实践的目的。除此之外，实践课程少，实践效果低下的问题也不容忽视。这种先由教师课堂讲述，再由学生实践操作的教学方法，知识面过于狭窄，达不到真正的教学目的。

（二）实践教学方式与内容脱离实际

当前基础会计、中级财务会计、成本会计等成为高校会计实践课的主要教学内容，相反税收管理、财务审计及管理等教学内容却很难有一席之地。即便是操作层面，也多以模拟企业的虚拟数据为主，这种实际操作课的练习题难度远远低于现实企业的要求，所以学生很难在这样的学习环境下积累丰厚的实践经验，其对职业进行评估的能力也几乎为零。

高校的会计专业实践教学模式依然以模拟形式的练习为主，主要包括单项和综合模拟两种形式。而单项模拟的课程主要以成本会计、财务会计和基础会计的实际操作为主；综合模拟则不同，它是即将毕业的学生以企业的具体生产和运行情况为基础，进行的企业会计模拟实践操作。虽然与经济发展同步的新的会计准则已经颁布实施，新兴的科学技术也不断融入会计行业，会计教学的具体实践内容也在与时俱进，但由于各方面不利因素的影响，会计专业的实践教学仍落后于社会实际要求。

（三）实践过程缺乏仿真性，实践环节缺乏技能性

会计实践训练的内容水平偏低，仅包括单纯的账本登记、编制财务报表和对运行投入资金的计算等方面，缺乏对复杂业务和周围环境的评估，从而导致学生只具备单纯处理简单财务计算的能力，欠缺分析实际环境和解决实际问题的能力。

所以，通过模拟进行的会计实践训练，很难使学生具备可以担任正常职务的能力。具体原因在于模拟会计实践操作很难将不同企业的财务工作流程及企业管理模式完全复原，只限于模仿其现状的一部分。在这样的情况下，学生很难在实践模拟中得到真正的锻炼。不同企业的具体财务计算方法、内部调控手段等，学生都无法在实训中有所体会。

现阶段，很多高校为实现教学目标，对企业的会计流程进行了全方位的模拟重建，但限于其规模有限、时间短等因素，很难达到预期目标。随着我国改革开放步伐的不断深化和经济发展程度的不断提高，企业对会计人才的要求也逐渐提高。学生步入社会以后会对学校的教育模式产生一定的反馈信息，使学

校更加了解社会的需求。学校通过对用人单位的社会调研可以清楚地了解企业需要学生具备的基本能力和技能，从而采取更加具有针对性的教学模式。就当前社会而言，会计专业毕业生业务操作能力欠缺仍是最突出的问题。

会计工作对从业人员的职业判断能力有很高要求，会计从业人员必须具备对未知情况的预测和评估能力。

在学校组织的财会实践课中，计算方法、答案都是确定且唯一的，教学的目的在于使所有学生都能计算出统一的数据报表，缺乏对学生职业判断能力的培养。

实践教学所用的模拟数据大都是以原始凭证为模板或加以虚拟，或打印出来的数据，学生几乎没有机会亲自填制一个数据凭证，因此这方面的能力比较欠缺。据调查，在每年会计类毕业生中，分配在企事业单位从事财会工作的学生占很大比例。因此，大批学生亟待解决的是实践能力问题而不是理论知识问题，通俗点说就是学生到了企、事业单位后如何以最快的速度，最短的时间适应具体财务及会计工作。为了使学生一毕业就能胜任实际工作，缩小理论与实际的距离，教师在教学期间应注意培养学生的实践能力。会计实训缺乏对会计具体岗位的定位，这一点限制了学生对整个工作流程的了解。学生在具体操作过程中经常忽视如点钞、账本装订等基础技能的练习，毕业后不能立即走向岗位、胜任工作，因此就形成了“高等教育供给”与“市场需求”相背离的就业状况。

（四）采用“封闭型”“报账型”的实验教学模式

这种教学模式采用的方法是将课程安排的实验步骤分派给不同的学生，让他们协力完成，或者将学生分别独立于一个小的试验场所，单独完成实验，实验结束后要求每个学生具体分析结果并写出报告。这样的教学模式可以促使学生在实验过程中获得一些感性认识或理性经验，帮助学生深化对理论课程的理解。实验对学生要求不高，学生开始都有新鲜感和积极性，但一段时间后，由于实验资料单一，实验方式单调，实验要求和层次也只停留于使学生能够正确填制凭证、登记账簿、计算成本和编制会计报表等，且实验内容千篇一律，所以这种教学模式在很大程度上限制了学生能力的发挥。

（五）缺乏具有较强实践能力和丰富实际工作经验的师资力量

鉴于高校中会计实践教学的专业型人才比较匮乏，因此从事理论教学的教师不得不承担起会计实训的教学任务。而从事理论教学的教师大都是大学毕业以后直接从事这门工作，并没有具体的工作经验，因此，其实训的教学内容仍然以课本内容为主，不能从自身经验出发给学生进行实际案例的解读，从而导致学生的实践能力不能得到真正的提高，只能单方面对可能存在的问题进行假想。除此之外，大部分的高校由于条件有限，并没有将学生的实训活动纳入教学计划，或者对会计实训活动没有固定的资金投入、没有固定的时间安排，也没有进行正规的组织，导致部分教师对实训工作不重视。这种教学模式既增加了理论教师的工作负担，又达不到想要的教学效果，往往得不偿失。

（六）强调培养学生会计核算能力，忽视培养其管理能力

训练学生会计计算能力是当前会计实践教育的主流，如会计模仿实验是实践教育的主要方式。它大力训练学生反应、处置会计信息的能力，其教育重点是处置账务。随着企业竞争的日益激烈与市场经济的繁荣，会计工作也有了新的要求，其决断、支撑等方面的作用越来越被企业会计信息使用者及管理者所重视。要想使在学校中完成了会计教育实践学习的学生的实际能力满足社会的需求，那么当今的实践教育就不能单纯依赖计算型会计培训，因为这种简单的实践教育并不能在培养人才综合能力方面起到作用。

四、会计信息化人才培养质量堪忧

（一）会计信息化理论缺乏

我国目前现有的会计理论、方法都是在传统会计模式下形成的，缺乏会计信息化理论。会计信息化的知识体系也仅是技术方法的汇集，缺少对会计信息化的指导。理论的缺失导致政策落后，进而使相关的法律法规发展滞后，致使企业推行会计信息化有所顾虑，制约了会计信息化发展。比如，如何衡量信息的价值等。在互联网时代，信息资产逐渐获得经济界的广泛认可。在有形资产与无形资产构成的经济社会中，信息资产已经悄无声息地占据了一席之地。制作一个网页链接就相当于创造了一个互联网虚拟企业，网络中无论任何形式的企业都可以实现跨国信息沟通，这为其从事跨国贸易提供了可能性。会计行业对信息的价值衡量仍没有统一的标准，其主要观点有以下两个：一种是信息资产的“域名”是同实体企业的商标、专利、名誉等性质和价值相似的一种无形资产，应以无形资产的计量方式来衡量它的具体价值。还有一种观点认为，由于信息资产主要是建立网址所发生的价值，因而应视为企业的一项递延资产。

（二）达不到会计信息化人才的要求

我国会计信息化人才的要求是高层次会计人才和创新性现代会计人才。所谓高层次人才，一是指既懂外语，又熟悉计算机操作，有实际工作能力及组织才能，善于攻关的人才；二是指懂得经营管理，能运用会计信息协助企业管理者进行筹划决策的开拓性人才。目前，教育界普遍认为，衡量创新性人才的基本特征有以下四点：①是否有宽广的知识面和较深的理论知识；②是否富于想象，并具有灵活性和全面性的思维方式；③是否具有开拓性的探索精神和严谨务实的工作作风；④是否有强烈的创新意识。改革开放后，我国社会经济快速发展，对外开放水平不断提高，新的行业、新的经济形态不断涌现，并产生了许多新的会计业务，会计信息化人才就属于创新性现代会计人才。

在实现会计信息化的企业中，会计行业人员的知识结构必须从传统的会计模式转向会计信息化模式。而现在大多数会计从业人员底子较薄，新知识接受能力较差，限制了会计信息化的发展以及会计信息系统在企业的普及和有效利用。在会计信息系统下，企业的会计从业人员利用计算机程序和数据库来编制外部用户所需要的财务报告，仍是他们负责的独特任务，更重要的是，会计从业人员应更善于解析和拓展系统输出的信息，为公司做出重要决策提供有用的信息参考。

（三）会计信息化人才缺乏社会化和专家化

面对快速变化的经济环境，会计从业人员要不断提高自身素质，培养和增强自身的经营观察力、职业判断力和有效决策力，会计从业人员可以不拘泥于固定的办公场所，有更多的自由时间向其他会计领域转变，部分会计从业人员将逐步脱离具体单位的具体岗位，实现会计从业人员的社会化，成为专家化的专业人员。

（四）利用网络技术熟练进行业务处理的能力较弱

在会计信息化模式下，会计从业人员既是会计信息系统的使用者，同时也是会计信息系统的维护者。会计信息系统是一个人机对话系统，人居于主导地位，会计信息系统的运行需要高素质的会计从业人员。所以，我们必须提高会计从业人员的素质，让会计从业人员具备与会计信息系统相适应的思想观念和熟练的计算机操作技能。现有会计从业人员利用网络技术熟练进行业务处理的能力较弱，必须学会软件工程并掌握其设计方法，为会计信息化软件的设计打下基础。

五、会计诚信与职业道德教育存在空白

目前，我国高校会计专业还存在对专业知识教育非常重视，忽视会计诚信

与职业道德教育的问题，无论是在课程设置上，还是在教材内容以及教学过程等方面，都存在问题。有的高校虽然开设了会计职业道德教育课，但流于形式，并未取得实质性效果。具体体现在以下几个方面。

（一）专门的会计诚信与职业道德教育教材缺乏

目前，我国有关会计职业道德教育的教材为数不多，尽管随着我国高等教育事业的不断发展，高校会计学专业的教材建设取得了丰硕的成果，但适合高校会计职业道德教育的教材并不多，表现在我国各大院校的会计教材体系中涉及会计职业道德教育的教材很少，而专门的会计职业道德教育教材更是少之又少，会计专业的职业道德教育没有受到应有的重视。会计专业和其他文科专业以及经管类专业相比，专业性较强，自成体系，所以无论是学校、家长还是学生，更加关注学生会计专业理论知识的学习和掌握。而会计诚信与职业道德教育，则被认为是毕业以后的事情了。与此相对应，高校在会计专业的教材建设和教材内容上有时存在会计职业道德教育缺失的现象。

（二）会计学生缺乏顶岗实习的社会实践机会

一直以来，会计与财务资料的重要性使许多单位不愿意给学生提供实训的机会。虽然大部分高校为会计专业学生开设了社会实践课程，但因为该专业的特殊性，很多单位难以接受较多的学生进行实习，从而使会计社会实践课程有点流于形式，导致学生缺乏“真刀实枪”的实践机会。而高校大部分会计专业教师缺少相应的社会实践经验，其本身没有深刻认识和理解会计职业道德，导致会计专业的学生缺乏对专业的“感性认识”和对会计职业风险性和多样性的深度理解，从而可能造成学生遵守职业道德的觉悟不够高。

（三）专业教师和学生的会计职业道德意识不够

道德教育是一个循序渐进的过程，专业教师在教学过程中穿插职业道德教育内容是一种非常重要的教学方式。目前，高校会计专业教师教学结构的缺陷主要是缺少专门讲授会计职业道德、会计法规课程的教师，而且会计专业教师本身这方面的知识也存在不足。具体表现在以下几点：

1. 专业教师本身缺乏强烈的会计职业道德意识

在当前大学生就业形势严峻而会计准则体系又全面更新的情况下，会计教学的任务十分繁重。因此会计教学的主要任务是对学生专业素质和专业能力进行培养，忽视了会计职业道德的教育。同时，受市场经济大潮的冲击影响，专业教师本身缺乏强烈的会计职业道德意识，也就没有将会计职业道德教育的内容自觉融入教学过程中。或者从教师角度来看，即使开了会计职业道德方面的课程，也是为了完成培养目标，基本上将会计职业道德的概念、特点等解释清楚就算完成了教学任务，其教学方法单一。

2. 学生会计职业道德意识的缺乏

高校会计专业教育中对会计诚信与职业道德教育的缺失，导致学生会计职业道德意识的缺乏。大多数会计专业学生注重对专业技术知识的掌握，将大量的时间用于专业课程学习或获取各级会计资格证书，在一些开设了会计职业道德教育相关课程的高校，不少学生只是采取死记硬背的方式应付考试，难以有深刻的职业道德意识。这将对会计专业学生职业判断能力和职业分析能力的形成和提高产生不利影响。

在互联网时代，企业要加强网络信息的安全性。在今天，会计从业人员大多使用计算机进行工作，所以我们必须加强计算机技术的培训，确保计算机的信息安全，增强会计从业人员的安全意识。

（四）培养会计诚信与职业道德的氛围不够

目前，我国的伦理学理论对道德的认识存在一个根本性的误区，伦理学理论认为道德是约束人们行为规范的总和，而没有认识到道德不仅是约束人们行为的规范，还是个人自我实现的手段和完善人格不可或缺的组成部分，对道德本质的认识偏差直接影响道德教育的形式与内容。职业道德水平直接受个人道德水平和价值观的影响，它们是职业道德教育的基础。高校在基础教育中应对学生品德起到潜移默化的作用。价值观是后天形成的，是通过社会生活培养起来的，家庭、学校等群体对个人价值观的形成起着关键的作用。目前，我国各大高校在公共课程中开设了相关的伦理道德课程，如思想道德、法律基础课程，但实际上在教和学两方面都流于形式，实际效果并不尽如人意。

总体而言，大部分高校没有营造出良好的培养会计诚信与职业道德的氛围，现有的会计职业道德教育在一定程度上只突出了道德的规范约束作用，只告诉学生应该怎么样和不应该怎样，但是忽视了会计职业道德不仅是对会计从业人员行为的约束，也是对会计从业人员品质的肯定。其主要体现在学校忽视对学生会计职业道德素质的考评，各高校在对学生的考核和评价过程中，主要以各门专业课程成绩作为考评的基本依据。学生专业课程成绩既是评价学生在校期间表现的基本指标，也是学生申请奖助学金、评优、入党的基本条件，还是用人单位聘用毕业生关注的主要内容。高校过分强调学生各门专业课程的考核成绩，忽视对学生综合素质的考核和评价，使学生在学习过程中过分看重专业课程考试成绩，忽视对自身会计职业道德及综合素质的培养。这对培养学生的会计职业道德观念不利，最终可能使学生对会计职业道德没有具体的概念，难以让学生树立职业道德观念。

（五）会计诚信与职业道德教育课程设置不合理

随着我国社会主义市场经济的不断发展，会计专业作为有很大社会需求的专业得到了较大的发展，许多高校纷纷新增会计专业或者扩大会计专业的招生规模。在此背景下，高校会计类专业的教学计划反映了突出专业课程、提高专业素质的主导思想，而在职业道德教育课程设置上则不够合理。目前，我国大多数高校都没有专门的会计诚信与职业道德教育课程，而会计专业领域在很多方面都需要会计从业人员做出自己的职业判断，更需要会计从业人员有坚定的道德信仰，严格遵守职业道德。

会计职业道德教育的内容主要涉及与其相关的法律、法规知识。诚信与职业道德教育的形式有三种：公共基础课的思想道德和法律基础、专业基础课和专业课中的部分章节、学生管理部门的检查与指导。这三种形式的道德教育具有相对的独立性。但对大多数高校来说，仅在会计学习的初期安排有限课程来让学生对职业道德及相关法律法规进行学习，根本无法达到培养目标。下面以实例来进行说明。相关社会研究发现，广州地区的高校大多没有对学生的职业道德培养和相关法律法规的教育予以重视，因而没有安排专门的学习课时。而个别学校虽然在课程安排中加入了有关职业素养培养和法律知识普及的选修课，但鉴于其具有一定的选择性，且教学内容大都没有系统的理论知识库，因而很难达到理想的教育效果。

除此之外，极少数高校会在学生毕业参加工作之前安排短期的有关培训，但时间仓促，未能将学生的专业知识与社会现实真正联系在一起，因此效果欠佳。在会计从业资格考试加入对职业道德及法律法规知识的考核之后，学校也有针对性地对课程进行了相应的调整。

第四节　会计人才培养的现状

一、关于会计人才培养的思考

会计事业的发展和互联网技术在会计领域的广泛运用使社会对会计人才的要求越来越高。如何按照会计行业发展要求，有针对性地加强会计人才培养，适应社会发展需要，是会计人才培养和会计队伍建设必须考虑的问题。

（一）会计工作是机器代替人还是人控制机器

会计的基本职能是核算。随着计算机技术的发展，会计的核算方式也在不断发展和创新。进入智能时代，会计工作是否真的如人们所预料的将被机器所替代？可以确定的是，互联网技术的发展，人工智能时代的到来，使会计核算走向智能化、现代化，基础的会计人工核算将逐步被机器替代，这是时代发展的必然趋势。但是，会计的管理职能、决策分析职能是机器难以替代的，需要人脑的分析。这使企业对会计人才的要求越来越高，由此高级会计复合型人才将成为社会的稀缺资源。因此，社会要加大对高级会计人才的培养，为社会经济发展提供人才保障。

（二）会计衡量标准是会计证资格还是会计职称资格

会计是一项业务工作，做会计工作需要懂会计业务，没有基本的会计知识就很难做好会计工作。长期以来，会计从业人员上岗之前必须考取会计证，这确保了会计从业人员的基本素质，也确保了会计行业的技术含量。随着政府“放管服”改革的推进，给企业和社会减负成了政府为社会服务的一项重要工作，国家也从 2017 年 11 月起正式取消会计证考试。但会计证考试的取消不等于会计行业的门槛没有了，更不等于会计工作没有技术含量了，会计职称考试很快热门起来，尤其是初级职称的助理会计师考试，已成为行业公认的从业门槛。以浙江省为例，2017 年浙江省助理会计师考试报名人数为 8.78 万人，2018 年增加到 18.16 万人，2019 年为 18.90 万人，其他省份的情况也基本类似。由此可见，会计证取消后，会计从业人员更加重视会计职称考试，政府会计管理部门更要把会计职称考试作为会计队伍建设的抓手，服务于会计考试工作，使会计工作做到人和岗位相适应，提高会计管理水平，更好地为社会经济发展服务。

（三）会计继续教育是参加网络继续教育还是面授教育

会计改革的不断推进、会计制度准则的不断出台，要求会计从业人员终身学习。会计继续教育就是为了满足会计从业人员继续学习的需要。长期以来，会计从业人员的继续教育以面授方式为主，由各级财政部门组织或财政部门委托中介机构实施，由于会计从业人员多、队伍庞大、能力水平参差不齐，组织会计继续教育的工作量非常大。随着信息技术的发展，网络教育应运而生，相关财经院校以及民营教育机构纷纷加入会计网络继续教育的行列，使会计继续教育的网络学习发展很快。会计网络继续教育和线下的面授继续教育相比，学习时间比较自由，学习内容的选择余地也比较大，涵盖各种财务会计知识、会计准则制度、宏观经济形势、财经纪律等。同时，网络学习的成本相对较低，很容易为会计从业人员所接受。除了网络学习外，各级财政部门也会组织一些面授的学习或委托会计学院、财经院校来组织学习，主要为高级会计从业人员的继续教育服务。和网络继续教育相比，线下的面授继续教育可以和授课老师有进一步的交流和探讨，有助于提高学员学习效果，但因为是集中办班，师资要求高，内容新，相应的学习成本也高。财政部门明确要求会计从业人员必须每年参加继续教育，会计从业人员可以根据工作需要和个人要求自由选择学习方式。一般会计从业人员可以更多地采用网络继续教育的学习方式，高级会计从业人员可以把网络教育和线下的面授教育相结合，以拓宽视野、提高工作能力，使会计从业人员的能力和会计工作的需要相匹配。

二、信息化时代对我国会计人才培养的要求

会计信息化是信息社会的产物，是会计领域的发展方向。总体来说，信息化时代对我国高校会计人才培养的要求主要体现在以下几点。

（一）适用能力

所谓适用能力，是指企业期望高校的会计专业毕业生不需要通过培训就能从事不同会计岗位工作。在信息化时代，企业尤其需要学生具备熟练的会计信息化操作技能。

（二）复合能力

所谓复合能力，是指企业期望学生具备多方面的综合能力。会计信息化不同于会计电算化，是财务会计、财务管理、内部控制和信息技术的深度融合，因此学生不仅要具备基本的会计技能，还要具备熟练的财务软件操作能力、财务分析能力、大中型数据库管理系统维护技术等综合能力。

（三）学习能力

随着我国企业信息化的持续发展，会计的职能在转变，会计服务模式在升级。这就需要高校会计专业的学生具备接受新事物和不断学习的能力。

三、我国会计人才培养的现状分析

（一）教材内容更新缓慢

在信息技术飞速发展的当下，计算机技术和互联网技术在经济领域的应用

越来越广泛，但从目前高校会计教育的教材内容来看，涉及这些方面的内容还很少，而且知识内容更新缓慢，和信息技术的发展不匹配。许多会计专业教材信息化内容重理论，轻实际操作，严重制约了高校会计教育信息化的发展。

（二）会计专业教材选用混乱无序

教材是教师授课取材之源，也是学生求知复习之本，同时还起着规范主要教学内容的作用。没有优秀的会计专业教材，就不可能培养出优秀的会计人才。从调查结果来分析，高校在会计专业教材选用上缺乏统一的标准，往往以本校教师自编教材为主。之所以出现上述现象，主要原因在于财经类高校专业师资力量相对雄厚，且自编教材用起来比较顺手；而对综合类、理工类高校来说，专业师资力量相对薄弱，选用国内部分高校统编教材或国外原版教材比较方便。评价教材的好坏，关键看教材的内容是否具有理论性、实践性、适应性和时代性。不管是自编教材、统编教材还是国外原版教材，只要符合以上特征，就可以考虑。在与一些专业教师的交流中我们发现：我国的会计专业教材的内容重制度解释，轻理论分析，缺乏必要的理论深度；有些教材之间存在着内容重复的现象；有些教材不具有现实可操作性，缺乏配套的习题与案例；还有一些教材更新速度较慢，不能及时地反映国家会计规范的变更和会计理论的发展等。这些问题都有待会计教育界去解决。

（三）培养目标的制定缺乏层次性

目前，我国高校会计人才培养目标较好地体现了“应用性”，但是在人才培养的层次性方面比较单一。高校的学生生源呈现多样性特点，有的是“统招生”，有的是“转段生”，有的是“对口生”，近年来又出现了“单招生”。不同生源的学生具备的基础知识和基本技能不同，学校对不同层次的学生采用相同的人才培养目标，难以应付不断变化的信息化人才市场的需求。

（四）对学生综合素质的培养还不够完善

企业信息化发展需要的是复合型会计人才。目前我国的高校会计教育培养的主要是学生的记账、报账能力，而忽视了对学生分析、预测能力以及计算机操作能力的培养。企业信息化的发展以及会计工作环境的变化势必会对会计从业人员的素质提出更高要求。

（五）“校企合作、工学结合”整合度不高

完全把学生送进企业，以工代学的顶岗实习成为一些高校实行“校企合作、工学结合”的主要模式。据统计，有 76% 的高校虽然让学生到企业进行实习，

但依然以理论学习为主，到企业参观为辅。如某校 2019 级会计专业共有 261 名学生，在大二上半学期的校企实训安排中只有不到 30% 的学生从事的是会计岗位的工作，没有充分发挥校企合作的优势，没有达到理论联系实际、理论运用于实际的目的。与此同时，学校忽略了教师在企业与高校之间的作用，没有充分发挥教师这一中间环节的主要作用，教师可以根据学生实践能力的不同，制订不同的教学方案，满足学生的实习需求。

（六）现有的会计人才培养模式与企业需求不吻合

以往的传统教学方式已经不能满足行业与学校之间信息的流通需要，在会计人才培养中无法及时有效地获得行业和社会对会计人才需求的信息。一般企业很难接受大批的会计专业学生进行顶岗实习，所以学校会联系不同企业，将学生分散实习，而实习的最终结果要以各企业出具的实习鉴定报告作为衡量标准，但是各企业考核标准不统一，所以现在高校的“工学结合”质量缺乏有效的衡量和判断。会计专业人才的培养处于被动地位，无法适应社会的需求，不能确保专业办学水平。

（七）专业课程设置与会计职业特点匹配度不高

高校会计人才的培养目标是培养具有一定职业道德，懂得相关法律法规，具备过硬的专业知识的应用型会计人才，而实现目标的主要途径之一就是会计专业课程，但目前大多数高校的教学内容与会计实际工作关联性不高。学校通常只会在学生毕业前的那个学期开设一门实训课，以满足学生走上工作岗位的需要，但在以往的教学中，比如，企业支付职工薪酬，理论教学只会涉及此项经济业务应当开设哪几个账户，这些账户借贷方分别反映什么内容等知识，侧重于对会计分录知识的讲授，但在实际工作中会用到的工资表如何编制、怎么填写支票、拿什么作为原始凭证来登记记账凭证、涉及税金怎么计算、在会计审核与监督环节针对此项经济业务需要注意哪些问题等内容在教材中很少提及，而这些偏偏是会计核算中最为重要的组成部分，也是与企业实际情况紧密结合的部分。缺少了这一部分的学习，学校很难让学生的岗位认知能力和综合能力得到锻炼和提升。

（八）实训条件有限，缺少真正意义的“双师型”教师

现在高校的会计专业基本都配有实训室，但是实训室的条件参差不齐，大多数高校的实训室只能保证学生进行最基本的技能实训，缺乏像岗位实训和信息化实训这样大型的实训室，究其原因是受到经费和场地的限制。

现实中，“双师型”教师在学校所占的比例很小，更有很多教师只是参加过一两次培训，拥有职业资格证书而已，所以，具有丰富的企业实践经验，能够带领学生进行真正意义上的会计实训的“双师型”教师很缺乏。此外，会计专业的一些资深教师，教学方法传统，教育思想跟不上时代的发展，而一些年轻教师虽然学历高，但是缺少实践工作经验，如何将老教师和年轻教师的优势相结合，是高校急需解决的问题。

第三章　会计人才培养特点与趋势

随着经济的持续发展，各行各业对专业人才的需求不断上升，尤其是对会计类毕业的专业人才的需求一直在飙升。本章分为会计人才培养的特点、会计人才培养发展趋势两部分。

第一节　会计人才培养的特点

会计专业人才培养市场化、社会化、国际化既是目前会计学专业人才培养的现状，更是会计学专业人才培养的发展趋势。这种趋势既是目前现状的惯性延伸，又是市场经济发展、全球经济一体化发展的必然结果，更是会计专业在社会经济发展中发挥其应有作用的必然产物。会计专业人才培养市场广阔、潜力巨大，不同会计专业人才培养主体为了获得更多的发展空间、经济利益，都会不遗余力地抢占市场，会计专业人才培养的市场化、社会化、国际化竞争会日趋激烈。就高校而言，有的由于生源问题，会计专业的培养规模在萎缩；有的会计专业已经停办；有的还在新上会计专业，培养规模在不断扩大。其他会计专业人才培养主体也是如此，有的退出，有的进入，有的兴旺，有的衰退。尽显适者生存，不进则退的局面。

一、会计专业人才培养呈现国际化

合作培养会计专业人才主要是指国家与主要发达国家的大学、会计教育培训机构合作培养会计专业人才。这也是目前国外会计人才培养的重要形式。这种培养形式主要表现在两方面：一是一些希望学习会计专业知识的学生和希望成为国际会计从业人员的专业人士，把到发达国家学习会计专业知识作为首选；二是发达国家的大学、会计专业的社会教育组织机构，在其他国家和地区招收学生、建立培训机构、抢占会计专业人才培养市场的步伐并未放慢。鉴于发达国家昂贵的学费，以及发达国家大学、培训机构在其他国家开拓会计专业人才培养市场所受的限制和遇到的困难，发达国家的会计教育、培训机构与其他国家合作培养会计专业人才是必然的、双赢的选择。

如美国的注册会计师协会（AICPA）在全球开设有100多家办事机构，与其他国家合作培养会计专业人才。英国的注册会计师协会（ACCA）在全世界开设有100多家办事机构，与其他国家合作培养会计人才。加拿大的注册会计师协会（CICA）在全世界开设有80多家办事机构，与其他国家合作培养会计人才。澳大利亚的注册会计师会（ASCPA）在全世界开设有50多家办事机构，与其他国家合作培养会计人才。各国之间合作培养会计专业人才既是全球经济一体化的基本内容，也是全球经济一体化发展的必然结果。

近年来，由于国际型会计专业人才需求旺盛，世界各国经济往来的不断加强，国际会计标准的趋同，国际金融活动对各国经济影响的不断加深，会计作为国际商业通用语言地位不断提高。各国间合作培养会计专业人才由临时化变为常态化。国际间合作培养会计专业人才的形式多种多样，有国际间高校的合作，有高校与国外会计职业组织之间的合作，也有政府间相关部门之间的合作，以及各国会计专业培训机构间的合作等。就国际间高校合作而言，主要表现为高校之间合作培养会计专业本科生、研究生，互派交换生。由于各国政府鼓励国际间合作培养会计专业人才，因此这种合作不断加强。

二、会计专业人才培养呈现多元化

会计专业人才培养目标是由客观环境决定的主观预设标准。影响会计专业人才培养目标的客观因素很多，如培养客体（学生）、培养主体、经济发展水平、国际化程度、社会需求、经济体制等都是会计专业人才培养目标的影响因子，每个因子的变化都会改变会计专业人才培养目标的设定。因此，随着社会经济发展变化的不断加快，会计专业人才的培养目标也随之变化，呈现出多样化特征。研究型大学一般把会计专业人才培养目标设定为培养高级会计理论研究人才和高级会计管理人才。一般大学把会计专业人才培养目标设定为培养高级应用型会计专业人才或应用型会计专业人才。有的还根据社会需要将会计专业人才培养目标设定为培养特定行业或特定企业需要的会计专业人才，如国际贸易、旅游饭店、资源开采、行政事业、独资企业、合伙企业、有限公司、股份公司、集团公司、跨国公司等。会计专业人才培养目标的多样化，社会需求的多样性，使会计专业人才培养的多元化成为必然趋势，这也是对社会多样化需求的适应。

三、会计专业人才培养呈现特色化

会计专业人才培养特色化是会计专业人才培养的重要趋势。以高校为例，在众多的会计专业人才培养主体中，高校会计专业是会计专业人才培养的主渠道，处于会计专业人才培养链的上游，控制着大部分会计专业人才培养的资源。在会计专业人才培养的市场化、社会化、国际化竞争日趋激烈的境况下，各高校要在竞争中胜出就必须办出特色，培养有特色的会计专业人才。当然，高校要在会计专业人才培养中办出特色，培养有特色的会计专业人才，需要不断地探索、创新、积累，需要形成历史的积淀。例如，有的高校会计专业以培养中小企业所需要的既能做会计又能做采购，既能做营销又能做管理的技能型、实用型会计人才为特色；有的高校会计专业以培养保险业、租赁业会计为特色；有的高校会计专业以培养会计理论研究人才为特色等。

四、会计专业人才培养呈现高学历化

会计专业人才培养高学历化，高层次化、高素质化主要表现在会计专业人员受教育的时间不断延长，学历不断提高，文化程度不断提升，综合素质不断增强。

有的国家中专学历的会计专业人才培养已经取消。有的国家大部分会计从业人员具有本科及以上学历。有的国家在会计专业人才培养课程中，加入人文、艺术、自然科学的内容，其目的是培养会计专业人才的综合素质，提高会计专业人才的综合素养。

会计专业人才培养高学历化、高层次化、高素质化，既是社会不断进步、高等教育大众化、社会需求不断提高的必然结果，也是会计专业人才培养高学历化、高层次化、高素质化三者互相影响的结果。会计专业人才培养高学历化是提高会计专业人才综合素质的主要手段，提高会计专业人才综合素质必然要求会计专业人才提高学历。会计专业人才综合素质的提高必然会提高会计专业人才的层次，使会计专业人才培养表现出高学历化、高层次化、高素质化三者互动的趋势。

五、会计专业人才培养模式呈现多样化

会计专业人才培养采用什么模式，在各国会计教育界一直存在争论：是采用合作培养模式，还是独立培养模式；是采用专才培养模式，还是采用通才培养模式；是采用应用型人才培养模式，还是采用研究人才培养模式；是采用精

英型人才培养模式，还是采用大众型人才培养模式；是采用技能型人才培养模式，还是采用素质型人才培养模式；是采用高级型人才培养模式，还是采用普通型人才培养模式等。对于这些模式的问题，见仁见智，没有一致的观点和看法。事实上，采用什么模式培养会计学专业人才，不可能有通用一致的答案。因为社会对会计专业人才的需求是不断变化的。随着社会需求的变化，会计专业人才的培养目标要不断做出调整，会计专业人才培养目标的不断调整必然要求人才培养模式有相应的变化。多种会计专业人才培养模式并存，是会计专业人才社会需求多样化的表现，是对社会需求的积极适应。需要强调的是虽然会计专业人才培养模式多种多样，但人才培养模式的不断创新是大势所趋。不断地进行会计专业人才培养模式创新，是适应社会需求，增强会计专业人才培养竞争力的不竭之源。

第二节　会计人才培养发展趋势

自改革开放以来，我国的社会经济政治生活发生了根本性的变化。在经济、社会建设等方面取得了巨大成就。中国的国力、国际地位和国际影响力得到了很大提高，表现在会计专业人才培养方面就是紧跟世界潮流，培养国民经济和社会发展所急需的各类会计专业人才，为国民经济和社会发展服务。

一、会计专业设置背景

我国会计专业人才培养的专业设置和教育，是随着我国社会经济的发展而发展的，是随着社会需求的变化而改变的。

自 1999 年高校扩大招生以来，高等教育实际招生人数呈阶梯状上升，目前已进入结构调整、稳定发展的状态。在我国教育系统内的众多专业教育中，会计专业人才的培养和教育快速发展。目前，我国从事会计工作的人员多达 2000 万。

会计学专业无论是专科、本科还是研究生，每年招生人数都位居前列，且呈不断上升趋势。

我国已成为世界上名副其实的会计大国。在这种背景下，国内各高校会计专业人才培养竞争激烈，专业设置不断创新，培养层次不断提高，培养规模不断扩大。

（一）高校的区位优势

我国高校分布于全国各地，各高校都有自己的区位优势。区位优势是各高校设置会计人才培养专业的主要依据。例如，上海财经大学位于我国的经济、金融、交通运输、国际交流、科教中心——上海，其区位优势决定了它在会计人才培养专业的设置上面向金融、面向国际。目前上海财经大学在会计人才培养上，设置的专业有 CGA 方向、AICPA 方向、CPA 方向等，这些专业的设置都是面向金融，面向国际，以上海的区位优势为背景的。东北财经大学位于我国东北地区的航运、制造业、金融贸易、物流、科教中心——大连。该大学会计人才培养专业的设置，就是以其区位优势为背景设置各语种特招会计专业。

（二）高校的历史积淀

我国高校的发展历史，不像欧美国家的许多大学，有几百年的历史。但我国高校拥有具有自己特色的发展历史。在以行业为对象，以部门直属为背景建立高校的条件下，我国高校的发展就形成了极为浓厚的行业特色。在教育体制改革后，高校以行业为对象，以部门直属为背景的管理体制已经改变，但其发展所形成的历史积淀，对我国高校设置人才培养专业依然有着重要作用。就我国高校设置会计人才培养专业以及专业培养层次而言，各高校的历史积淀是其主要考虑因素。例如，20 世纪 90 年代以前，我国高校会计人才培养的专业主要由中华人民共和国财政部、中国人民银行总行、中华人民共和国商业部等部门所属的全国性的财经学院和商学院设置。如上海财经学院、东北财经学院、天津财经大学、湖北财经学院、江西财经学院、陕西财经学院、四川财经学院、黑龙江商学院、北京商学院、天津商学院、浙江工商大学、广州商学院、重庆商学院、兰州商学院、山西财经学院、安徽财贸大学等，会计专业的研究生培养也都是从这些高校开始的。在 20 世纪 90 年代中期，全国会计专业博士生培养点主要也集中在这些高校。后来这些高校在我国高等教育的改革和发展中，经过调整、改革、优化提升，大多数已更名为大学，历史积淀在它们的发展过程中发挥了重要的作用，它们的发展对我国会计专业人才的培养起到积极作用。从我国高校近 30 年的发展历史来看，通常情况下专科院校要升格为本科院校需要十年以上甚至更长的时间。本科院校要建立硕士研究生培养点需要十年以上甚至更长的时间，要建立博士研究生培养点同样需要十年以上甚至更长的时间。因此，会计人才培养专业的设置，如果不考虑历史的发展积淀，对会计人才培养是不利的。

（三）高校自身的发展需求

长规划，短安排是我国政府对国民经济进行宏观管理的重要手段。在我国，长规划主要指政府对国民经济和社会发展制定的长远奋斗目标及其实现路径，包括国民经济和社会发展远景规划、国民经济和社会发展中长期规划、国民经济和社会发展五年规划。短安排主要指政府制定的国民经济和社会发展的年度规划。通过规划对国民经济和社会发展进行宏观管理是我国政府对经济和社会发展进行管理的特色。它既为全国人民指明了未来奋斗的目标，也为全国人民展现了未来发展的美好蓝图和实现路径。在国民经济和社会发展的规划制定之后，各部门、各单位都应根据国家规划和自己的实际情况制定本部门、本单位的发展规划。各高校的发展规划和自身需求是会计人才培养专业设置的主要背景。例如，我国北京大学、清华大学会计人才培养的专业设置就是在此背景下形成的。

（四）国民经济和社会发展需求

从宏观层面来看，会计人才培养专业的设置主要取决于我国国民经济和社会发展对会计专业人才的需求。国民经济和社会发展越快，对各类会计专业人才的需求越强烈，对各类会计专业人才的培养和教育要求越高。到 2010 年，我国现有的 1000 多所本科高校，除了少数体育、艺术类院校外，几乎所有高校都开设有会计专业。从会计人才培养专业设置背景来看，其开设原因有两个方面：一是国内外对会计专业人才需求旺盛，会计专业人才培养供给不能满足社会需求，从而使各高校竞相设置会计专业；二是其他专业人才培养相对过剩，社会需求不足。从目前我国各高校会计专业的设置状况来看，社会对会计专业人才的需求是高校设置会计专业的主要原因。

（五）高校的教学条件、师资力量

开展会计人才培养，进行会计人才培养专业设置，高校的教学条件、师资力量是基本要素。没有足够的会计专业教师，与会计专业相关的支撑专业，配套的实验设施、教材、大纲、培养方案等软硬件，会计人才培养、会计人才培养专业设置就形同空中楼阁，很难培养出合格的会计专业人才。在这方面，我国会计专业人才培养历史比较悠久的高校，如中国人民大学、厦门大学、上海财经大学、东北财经大学等，由于会计专业人才培养软硬件比较完善，因而在会计人才培养专业设置方面自由度很高、灵活性很大。只要有社会需求，他们就能建立相应的会计人才培养专业。

（六）高校承担培养会计专业人才的任务

在我国，不同类型的高校为国家和地方承担着培养不同类型、不同层次专业人才的任务。以高校为国家和地方承担人才培养的任务范围、类型以及重要性划分，高校大致可归类为全国性高校、地方性高校、综合类高校、专业类高校，一本类高校、二本类高校、独立高校（三本），理工农医类高校、文科类高校、商科类高校、财经类高校、体育与艺术类高校等。就培养会计人才的专业设置而言，由于各高校的性质、类型不同，会计人才培养专业设置的侧重点、方向也有所不同。一本类重点财经院校的会计人才培养专业设置着眼于培养全国性、国际性、理论研究型、实务开拓型的会计专业人才。二本类财经院校会计人才培养专业设置着眼于培养地方性、技能型、理论学习型、实务操作型、任务执行型、业务完成型的会计专业人才。当然，在会计人才培养专业设置上，各高校可以按照市场规律进行设置，但在我国高校资源配置不均衡的条件下，各高校设置会计人才培养专业应当以其所承担的任务为背景。

二、会计专业的社会需求及发展趋势

从国外会计专业人才培养的现状和发展趋势，以及我国国内会计人才培养专业设置的背景和现状可以看出，我国会计专业人才培养社会需求潜力巨大，发展趋势呈现多样化、高层次化、国际化。

（一）会计专业人才培养社会需求多样化

社会对会计专业人才的培养需求是多样化的，既需要实践型会计人才，又需要理论型会计人才；既需要地域性会计人才，又需要跨地域性会计人才；既需要会计人才，又需要会计通才；既需要研究型会计人才，又需要应用型会计专才；既需要初级层次的会计人才，又需要中、高级层次的会计人才等。就我国来说，地域辽阔，各地社会经济结构存在差异，经济社会发展水平存在差异，这就决定了我国社会对会计专业人才的培养需求不是单一的，而是多种多样的。再从专业人才的形成规律来看，多种类型的专业人才需求并存是形成人才竞争机制的基本条件。多种多样的专业人才需求并存有利于人才的培养。会计专业人才的培养需求同样如此，需求是多种多样的。

（二）会计专业人才培养社会需求高层次化

我国社会对会计专业人才的培养需求具有多样化的趋势，因此会计专业人才培养需要不断提高水平。这不仅是经济发展、社会进步的必然要求，也是会计自身发展的内在要求。从我国会计专业人才培养和教育现状可以看出，我国会计专业人才的培养和教育已逐渐取消了中专层次的会计教育，会计高等教育已进入大众化阶段。随着社会对会计专业人才素质要求的提高，会计专业人才培养高层次化的需求已成为基本趋势。

（三）会计专业人才培养社会需求潜力巨大

从总体上分析我国社会会计专业人才的培养需求，我们发现整个社会对会计人才的培养需求潜力巨大。这可以从以下几个方面得到解释。

第一，从理论上讲，会计是社会分工的必然产物，是对社会化生产活动过程的反映和监督，生产过程越是社会化，会计工作越重要。这也就是说经济越发展，会计越重要。经济越是市场化，各种利益主体越多；各种利益主体越多，对会计的需求越强烈。从我国的国民经济和社会发展来看，过去三十多年，我国的国民经济保持了高速增长，目前已是世界上仅次于美国的第二大经济体。根据我国国民经济和社会发展的远景规划、中长期规划，未来 5 年，我国的经济还会保持增长。未来 20 年，我国的国民经济也会以较快的速度发展。到 2050 年，我国经济和社会发展要达到或接近发达国家的水平，这就要求经济发展始终要保持较高的速度。我国会抓住一切机会实现国民经济和社会又好又快地发展。基于会计与国民经济、社会发展的内在联系，我们可以看出我国对会计专业人才的社会需求潜力巨大。

第二，从目前我国会计专业人才的教育现状来分析。1985 年我国高校招收会计专业的专科生 12115 人。2007 年招收专科生 190590 人，本科生为 80867 人。这些数据表明我国会计专业人才需求潜力巨大。如果社会对会计专业的人才需求逐渐减少，各高校会计专业的招生数量也不会快速增加。

第三，从我国企业对会计专业人才的需求来分析。目前我国注册的企业超过 2000 万家，按照企业对会计人员的基本需求来匡算，全国共需会计人员 4000 万人。即使企业人员兼职会计也得懂会计知识，是学过会计的专业人才。我国现有的会计从业人员 2000 多万，每年都有会计人员减员和会计人员转换角色进入企业管理层，需要补充大量的会计专业人才，这从侧面说明了社会对会计专业人才的需求潜力巨大的原因。

第四，从市场经济对每一个社会成员的基本要求来分析。市场经济对每一个社会成员的基本要求就是要会算账、会理财，即要学会算自己的账，家庭的账，企业的账。

学习和掌握一定的会计知识成了每一个社会成员应具备的基本素质。随着我国经济市场化程度的不断加深，每一个社会成员对会计知识的需求都在增加，社会对会计人才的需求不断增加。

（四）社会对应用型会计专业人才需求日益增多

应用型会计专业人才是指能够运用会计专业知识、方法解决现实会计问题的会计专业人才，即知道怎样做会计、怎样熟练地做会计工作的会计专业人才。总的来说，任何一门学科的发展，都是为了应用，如果不能应用，学科发展也就失去了意义，失去了动力。因此，任何学科从事研究的人才是少数，大量的人才主要为应用服务。会计学科也是一样，大多数会计专业人才都是在应用会计知识、会计理论、会计方法解决实际问题，尤其对企业而言，需要的基本上都是应用型会计专业人才。随着我国企业不断发展壮大，对应用型会计专业人才的需求日益增加。

（五）社会对国际性的会计专业人才需求不断增加

外向型经济发展改变了我国的经济结构，促使我国经济快速融入全球经济。我国国际贸易总额已位居世界前列，国内的许多企业在外国金融市场筹集资金，世界 500 强企业中有 50% 以上的企业在中国设立地区总部。这些都对国际性会计专业人才产生了更多的需求，使培养国际性的会计专业人才成为趋势。

第四章　不同层次会计人才的就业问题与相关对策

随着经济发展速度逐渐平稳，社会发展对人才的需求趋于平稳，再加上劳动力的不断成长以及失业人员再就业等，使劳动力呈现相对过剩状态。同时，社会劳动力的发展矛盾以及结构性问题等日渐凸显。高校毕业生在实际的就业过程中面临着越来越大的压力。本章分为会计人才的就业形势、不同层次会计人才就业的现状与问题，不同层次会计人才就业问题的原因分析和对促进不同层次会计人才就业的相关建议四部分。

第一节　会计人才的就业形势

一、当今我国会计专业的就业趋势

一方面，我国的科学技术快速发展，经济环境日趋复杂化，管理工具开始运用在会计工作上，国内外的会计行业大环境也发生了很大变化，例如，我国会计从业资格证的取消，会计机器人的发明及运用，企业对高素质的会计人才有着强烈的需求等。另一方面，会计专业长期是“热门”专业，招生规模十分庞大。根据了解，许多学生选择会计专业的初衷并不是热爱会计工作，而是认为该专业好找工作。这导致了会计专业的人数不断增加，导致会计从业人员素质参差不齐。有限的工作岗位不可能让每一个会计专业毕业生都找到专业对口的工作。招生规模的急剧攀升造成会计就业难的现象，其中招生扩张最为明显的是普通专科、成人专科。企业的用人岗位需求一定时间内是相对稳定的，而不断攀升的招生人数势必加大会计专业人才的供给，在需求相对稳定的情况下，供给的增加会加大毕业生的就业压力，一定程度上不利于会计专业人才就业，且会计专业毕业生能力层次相对较低，易出现同质化趋向。

二、会计人才就业需求现状

（一）用人单位招聘门槛高

有些岗位本科生就能胜任，用人单位的招聘条件却要求研究生以上学历，这就让部分大学毕业生失去了就业机会。一部分会计招聘单位要求求职者拥有初级证书，有的要求求职者具有 2 ～ 3 年的工作经验，而刚从高校毕业的大学生往往不具备相关会计工作经验，有的单位还要求大学生具有其他技能，如外语能力、计算机能力等，这无疑给大学毕业生就业造成巨大的压力。

（二）初级人才市场趋于饱和

随着科技和经济的快速发展，会计行业初级人才渐趋饱和，而国家取消会计从业资格证无疑降低了会计从业的门槛，势必有更多人涌入该行业。与此同时，财务管理的科技化水平不断提高，会计机器人的出现将对大量基层会计人员造成冲击。机器人运行准确、高效率的优势是传统会计从业人员无法比拟的，简单记账工作完全可由电脑来进行，这要求会计从业人员要具有更高的会计专业素养，单纯会做账已经无法保住饭碗。

（三）学生存在盲目择业现象

在填报志愿选择专业的过程中，有的学生对自己的实际情况没有明确的认识，因此选择专业只选择热门，等上了大学接触了会计专业后才发现自己并不喜欢，因此专业基础学得不扎实，造成专业方面的能力缺失，影响毕业以后的就业。一些学生对自己的职业要求较高，盲目选择大城市，就业选择大企业等，然而自身的实际能力却没有达到企业的要求，因而造成就业困难。

第二节　不同层次会计人才就业的现状与问题

一、会计专业本科毕业生的就业现状

（一）大学生就业认知不足

我们发现在对所学专业知识的学习与钻研上，有些学生的学习主动性欠缺，自己主动钻研程度不高，更依赖教师的指导，学习能力与综合素质有待提高。在就业观上，一些学生对政府、事业单位以及外企更为青睐，然而这些单位提供的岗位较少，竞争力大，且对求职者要求较高，经常出现一个职位千人应聘

的局面；在就业的选择上，学生更偏向经济发展水平较高的地区，当面对一些基础设施建设相对落后的中小城市时，可能会放弃这些地方的工作，从而错过了工作机会。

（二）毕业生就业局面严峻

会计专业一直以来都是“热门”专业。这也使许多学生因此选择会计专业，并非真正对会计工作感兴趣，而是为了以后更好就业。这导致会计行业近年来就业人数不断增长。同时，我国许多高校也在不断扩大会计专业招生规模，盲目扩招导致毕业生数量与区域经济的发展需求不适应。会计专业的毕业生大部分都考取了初级会计职称，也有部分非会计专业的学生以及社会人士考取了初级会计职称，由此导致初级会计人才趋于饱和，毕业生就业现状不容乐观。

（三）大数据时代对会计从业人员提出新要求

大数据时代的到来伴随着庞大的数据，数据的更新极快，必然给会计行业带来巨大变革。大量的数据增加了会计业务的处理难度，对会计从业人员提出了更严格的要求。传统财务会计的职能往往定位于账簿工作，而大数据时代要求会计从业人员除了掌握基本会计技能以外，还需要有一定的计算机基础。因为在实际工作中，会计从业人员所面对的是海量的业务信息，不可避免地要用到财务软件以及数据库，需要从海量的数据中收集、筛选和分析自己所需的信息，并将有用的数据运用于合理的资源中，创造有价值的财务数据。

（四）大学传统教学方式理论与实践教学脱节

大多数高校依然采用传统的理论教学方式，更注重传授书本知识，缺少对学生实操能力的锻炼，理论知识与实践操作脱节；学生在参加实践的过程中也缺少专业有效的指导，所学知识无法很好地运用于实际，实践操作能力较差，工作能力较差，就业时缺乏竞争力，直接上岗较困难。

二、会计专业高职毕业生的就业现状

（一）高职院校会计专业学生面临的就业环境

当下，中小企业已经成为推动我国经济发展，促进市场繁荣和经济稳定的重要力量，是社会稳定的重要基石，是提供就业岗位的重要渠道，中小企业容纳的劳动力远远超过大型企业，有效缓解了就业压力。国家鼓励中小企业发展是我国实施经济发展战略的一个重要举措，颁布了《关于鼓励和促进中小企业发展的若干政策意见》，从结构调整、技术创新、财税政策扶持、拓宽融资渠道、

建立信用担保体系等方面给予中小企业支持。目前我国中小企业占全国企业总数的95%以上，而中小企业要想长期发展下去，除了企业文化、有效管理之外，资金保证也是企业发展的前提和基础。如何进行融资核算对企业来说是关键，随着中小企业数量的增加，对会计专业人才的需求也在增加，同时又因为企业规模小，所以在招聘条件上有所放宽。这也是高职院校会计专业学生选择中小企业就业的原因。

（二）高职院校会计专业学生的就业形势分析

从总体上来讲，高职会计学生的就业情况并不十分理想。近些年来，各行业对会计人员的需求不断增加，导致很多高职院校纷纷开设与会计相关的专业，例如，财务管理、会计电算化等专业。这造成求职市场上会计专业人才严重饱和，初级会计人员供过于求的局面。

①对于毕业生来说，对就业的认知和自己的未来有很多美好的设想和期待。在当前用人单位和求职者双向选择的形势下，学生在选择就业地区时，往往盲目倾向于一些大城市或经济发达地区；在选择用人单位时又偏重于政府机关、事业单位和一些大型企业。但高职毕业生由于涉世不深，对自身的能力和水平缺乏理性的认识和判断，当面对与自身预期差距较大的职位时，往往采取放弃的态度，从而错过了很多机会。这是很多会计专业毕业生不能顺利走向会计岗位的一个重要原因。

②从用人单位的角度讲，刚毕业的高职会计专业毕业生并不是首选。近年来，我国经济的发展和各种新兴行业的不断涌现，给会计专业毕业生带来了一些新的就业机会，人才市场对会计专业毕业生的需求也有所增加。但是，这并不意味着高职会计专业毕业生能够很轻易地找到理想的工作。首先，许多用人单位在招聘时，明确要求本科以上的学历，将高职会计专业的毕业生挡在了门外；其次，很多用人单位在招聘时都要求求职者具备一定的工作经验，导致大批刚毕业的高职会计专业的学生在招聘中缺乏竞争力。

③从学校方面来讲，大多数高职院校还都是传统的理论教学方式，会计专业教材建设不能与时俱进，专业知识结构和实践能力结构不合理。学生在参加实践的过程中缺乏导师的有效指导，实践效果不理想，导致会计专业毕业生离校时掌握的工作能力水平较低，直接上岗比较困难。

（三）高职院校会计专业学生的就业优势分析

在企业与求职者的双向选择中，很多本科院校的毕业生看重政府机关、国有大型企业等，而高职院校会计专业毕业生的求职目标并没有那么高。如今，国家鼓励中型企业、小微企业的发展，这些企业对会计从业人员的需求量也大，这就增加了高职院校会计专业学生的就业机会。

与社会人员相比，高职院校毕业生的思维能力和创造能力比较强，学生对新鲜事物的接受也很快。

现在企事业单位中很多会计业务的处理，例如，纳税申报等都要运用相关软件，高职院校对会计人才的培养定位于应用型人才，学校特别重视学生动手能力的培养，所以，高职院校会计专业学生应该能很快地适应工作的需要。

高职院校的教育改革使学生的自主学习能力较强。走上工作岗位后，会计工作有很多需要自主学习的内容，这对高职院校学生来说并不难。另外，高职院校会计专业的学生处理问题的能力较强，因为高职院校为会计专业的学生提供了更多的实习实训机会，让学生在人际交往和语言表达上得到更多的锻炼。

第三节　不同层次会计人才就业问题的原因分析

一、经济全球化及科学技术的发展

随着经济全球化的到来，各国经济往来日益密切，越来越多的企业走出国门，这便要求会计从业人员不仅要具备扎实的会计知识，还应该具备相关的法律知识及较高的外语能力，这对我国会计从业人员的就业产生了很大的压力。与此同时，人工智能技术快速发展，会计机器人已经能从事大部分会计记账工作，机器人与人工相比，效率更高且不易出错，而会计从业人员人数最多的便是从事简单记、核账的基层会计人员。会计机器人的完善及运用将会成为行业趋势，这势必会减少企业对基层会计人员的需求，进一步加剧会计从业人员的就业难度。

二、人才供给与需求不相适应

目前，底层会计人才的供给大于需求，而高层次会计人才极度缺乏。基层会计人员人数众多，而企业对基层会计人才的需求是有限的。随着经济的快速发展，企业对会计从业人员的要求也越来越高，单纯的记账出纳很难满足企业的用人需求，因此新的经济形势要求会计从业人员具有较高的综合素质，不但要懂得会计知识还要懂得经济、税法等知识，而绝大多数会计从业人员无法满足企业的高要求，因此无法获得满意的就业岗位。

三、非会计专业人员的竞争

由于会计从业的门槛较低，而会计就业机会相对较多，因此许多非会计专业的毕业生也加入了会计这个行业，会计就业的竞争更加激烈。2017 年我国取消了会计从业资格证的考试，会计行业准入门槛再次降低，意味着任何行业的人员都有从事会计工作的可能，这对会计专业的学生来说无疑增加了压力。不仅面临同专业人才的竞争，还面临着其他专业竞争对会计岗位的争夺，这要求会计从业人员要有更强的能力才能在激烈的就业竞争中脱颖而出，而一些专业知识不扎实的人员必将受到冲击，就业会更困难。

四、缺乏扎实的专业知识与实践能力

当今大学生存在专业基础知识不牢靠，缺乏实践操作能力的问题。大学对自主学习的要求很强，要求学生课后自主学习并参加实践活动，而一些学生学习缺乏主动性，缺少相应专业的实践操作经验，很难从事实际工作，甚至有学生知识点掌握得都不牢靠。许多企业都希望大学生能尽快地从事实际工作，缩短实习期，减少培训成本，他们更看重学生的实际操作能力，而这对于在学校期间很少参加社会实践活动空有理论知识的学生来说，无疑是不利的，这使他们在实际就业中处于劣势地位。大量会计专业毕业生只会简单的理论知识及做账记账，与具有工作经验的求职者相比不具备竞争优势，很难在激烈的竞争中脱颖而出，尤其是缺乏专业特长及综合素质不足时更是处于劣势地位，这些因素阻碍着毕业生的顺利就业。

五、自身定位不准确

大学毕业生初入社会对所从事工作有较高的期望值，同时又不能对自身情况及能力进行准确合理的定位。学生中不乏好高骛远的存在，易造成高不成低不就的局面。大学毕业生还处在由学校到社会的过渡期，各方面经验缺乏，对工作有美好的憧憬，要求找一份薪资稳定又轻松的工作，且要和自己所学会计专业密切相关，苦了累了不愿意，工资待遇不够高的不愿意。这导致学生期望越高，失望越大，加重了就业困难。

第四节　对促进不同层次会计人才就业的相关建议

一、树立正确的择业观念

学生应该充分认清自我，树立正确的择业观念，摆正心态，不要一味地追求大企业、大城市，应该给自己订一个长远的职业发展计划，脚踏实地一步一个脚印地朝着目标前进。不能眼高手低，基层会计岗位也能锻炼会计从业人员的专业技能，为学生后续职业生涯的发展奠定基础。同时学生应该掌握财会审计等专业知识，熟练地掌握和运用经济、管理及法律法规，获取新知识，洞察和解决新问题，与时俱进地更新自己的知识。

二、落实师生双向培养模式

学校在注重对学生培养的同时，往往会忽略对教师的培养，所以落实师生双向培养模式成为优化人才培养的有效途径。一方面，学校要加强对专业教师的培养，鼓励教师成为“双师型”人才，让教师与一些科研机构和相关企业多进行交流，让企业、行业、学校之间人才培养的信息沟通流畅；另一方面，教师在教学过程中应以社会对会计专业人才的需求为参考，以实训课程为基础，提高会计专业人才的应用能力，使人才培养保持平衡发展。学校应该鼓励教师在教学方法上进行钻研，学习其他院校或是国外的一些先进的教学方法和教学手段，在教学过程中多采用引导教学、案例教学、情景模拟等方法，教学生怎么去做，而不是应该怎么做。例如，现在微课教学在本科院校使用较为普遍，但是在高职院校使用较少，究其原因，是教师本身对微课教学不熟悉，而教师采用微课教学，是一种有效促进学生学习的手段，可以弥补某些高职院校硬件条件有限的缺陷，有助于培养学生的自主学习能力。特别是在实训环节，如果与微课教学相结合，将大大提高学生实训的效果。所以，高职院校可以采用“走出去、请进来”的方式，一方面请相关专家进入学校开展讲座，另一方面鼓励教师多参加培训和学习，提高教师自身的知识水平和能力，让教师了解、熟悉、掌握最新的教学方法和手段，适应会计教育制度的不断变化。

三、提高会计学生的专业素养

作为新时代的大学毕业生，学生应该努力加强自身学术修养，树立独立自主、与自身能力相适应的择业观念。在完成规定的理论学习之余，学生要尽早做好职业生涯规划，有针对性地学习会计相关知识技能，参加实训活动，如会计知识技能大赛、模拟炒股、ERP竞赛等，培养自己的专业素养，提高沟通交流、团队协作及应变的能力，以适应当今多变的社会经济环境及会计行业环境。企业需要何种能力，高校学生就应该锻炼该种能力，做到供需相对应。学生要打好坚实的会计基础知识，同时利用学习时间考取相关会计专业证书、英语四六级证书及计算机等级证书等，提高就业竞争力。学生要充分利用寒暑假时间进行社会实践，提高实际操作能力。

四、建立健全会计人才培养模式的保障体系

（一）教材选择

针对现在高校会计教材选择上存在的问题，学校应该选择能突显出专业特点、适应人才培养变化的新教材，以校企合作的教材为首选，辅之以现代的教学手段和网络资源，提高教学质量。

（二）实习实训基地建设

实习实训是会计专业人才培养能够顺利进行的重要保证。可以将实训基地建设成会计、审计、税务等融合一体的综合实验室，学生在校期间，可以从简单的单项实训开始。比如，会计专业的学生毕业后基本都是从出纳开始做的，而一些学生连真假钞的识别都不太清楚，点钞、开票以及和银行打交道是出纳的主要工作，学校可以通过单项实训，提高学生的单项技能。单项实训结束后，学校可以开设综合的岗位实训，通过模拟不同的会计岗位，让学生明确每个会计岗位的不同职责。

例如，教师按照企业财务部门涉及的会计主管岗、会计核算岗、出纳岗、总账报表岗、会计稽核岗、会计档案管理岗分别设置主管会计、出纳员、往来结算核算员、财产物资核算员、成本核算员、资金核算员、财务成果核算员等岗位，让学生分小组进行实训，了解企业经营全过程，并在实训的过程中进行轮岗，让每个人熟练掌握供产销的所有业务。实训完成后，教师可以引导学生相互之间进行审计来检验实训的效果。

与此同时，学校要将校外实训落实到位，让“校企合作”不再是一纸空文，给学生提供在企业进行实习的机会，让校内、校外形成统一的系统，建立人才培养的有效合作机制。学校也可以考虑自己设立财务公司，为学生提供实习基地，这样更有利于对学生实习的监管。学校要充分发挥与企业合作的优势，不

断完善“产学研”合作，建立有效的企业合作机制，让会计人才培养体现出教育与经济的完美结合。

五、掌握和运用计算机及互联网等新技术

在全球大数据快速发展的新时代，不断涌现出新的技术，社会经济快速变化。随着经济社会的快速变化，社会和企业对会计从业人员提出了新的要求，要求会计从业人员能够随时代共同进步发展。因此，作为一名会计从业人员应该具备熟练利用计算机来完成日常工作、解决财务难题的能力。会计从业人员要能够运用网络公共平台查找工作中所需要的资料，更好地完成各种工作。因此，我们要学会把计算机技术运用到会计业务中，学以致用，与时俱进。同时学生要加强团队合作能力，积极参与社会实践活动。利用寒暑假时间去会计师事务所实习，或参加 ERP 等相关知识竞赛提高自身实践操作能力。

六、企业适度降低用人门槛，政府为大学生提供良好的就业环境

企业作为会计专业人才的最终安置点，应该建立定向培训机构进行专门的培养，对符合标准的毕业生进行入职前的培训，充分激发他们的工作潜力。同时，企业应该根据实际需要来设置招聘门槛，给一些能力过关的毕业生提供就业机会。除此之外，企业管理者应开拓思维，与高校进行密切合作，为更多毕业生提供工作机会，发现和培养更多的高素质会计专业人才。政府作为国家的宏观调控者面对越来越严峻的就业形势，应该为毕业生提供良好的就业环境及政策扶持。一方面，政府应拓宽毕业生就业创业的渠道，逐步建立和完善安全、及时、全面的就业信息发布平台，让毕业生能够接触到更多的就业信息，为大学生的职业生涯提供更多的选择机会，为市场培养出更多高素质的会计人才。

第五章 应用型人才培养视角下的会计教学改革理论基础与发展趋势

随着我国社会主义的发展，国家对应用型人才的需求越来越大。为了满足这一需求，国家需要大力培养应用型人才。会计类人才就是一种应用型人才，而会计类课程教学是培养会计类应用型人才的前提和基础。会计相关课程教学要符合社会对于会计专业人才的现实需求，不断优化教学模式与方法，以促进会计专业及课程教学效能的提升。本章分为互联网时代高校会计教学改革的挑战、会计教学改革的理论基础、会计教学改革的发展趋势三部分。

第一节 互联网时代高校会计教学改革的挑战

一、互联网时代对传统会计行业的挑战

在互联网的影响下，会计的内涵与本质都发生了很大变化，有了一定的延伸。但与此同时互联网也对会计行业造成了很多新的挑战，使会计行业出现了一些前所未有的问题。

（一）老旧会计思维对会计从业人员的挑战

在步入互联网时代以前，会计从业人员长期处于惯性思维中，虽然对数字的变化十分敏感，但是在逻辑思维方面有所欠缺。在互联网时代，会计信息的传输都是通过互联网得以实现，换句话说，就是会计信息的传输已实现自动化，不但使会计从业者的工作负担有所减轻，还提高了会计工作的效率。对会计从业者来说，这种改变是思维方式上的改变，对会计从业人员造成了冲击。网络技术的不断发展和日渐完善加快了会计信息化的进程，如果会计从业人员不改变自己的老旧会计思维，就可能被行业所淘汰。

（二）社会需求对会计从业人员的挑战

在互联网时代来临以前，会计从业人员的工作内容只是对账务进行入账、核算、审查等，工作比较单一，和其他业务很少有关联，因此会计岗位对会计从业人员的能力要求并不高。但是随着互联网的高速发展，会计工作的环境发生了改变，工作的内容和形式都产生了变化，不再是单一地对账务进行处理，有很多工作都需要在网络环境下完成，和互联网的关系密不可分。这就对会计从业人员的能力方面造成了挑战，需要会计从业人员不断学习和会计有关的网络知识，提高相关业务的处理能力，只有这样才能保证企业运作的效率。同时，互联网时代产生了订单式经济，一系列无库存产业兴起。相对于过去，会计从业人员在会计知识学习方面发生了改变，不但要对会计专业知识熟练掌握，还需要了解和企业有关的产业知识。在当前，有许多和知识产权及商业信誉等相关的经济纠纷，这就使会计从业人员不得不了解法律相关知识，增强创新能力。

（三）会计信息资料安全性受到挑战

在互联网时代，会计信息数据大多保存在互联网上，数据的表现形式以电子符号为主，通过硬盘对数据进行处理，不再像过去一样，记录在纸张上面。但是互联网具有资源共享的功能，而且拥有无限的延展性，这样就使企业会计信息资料的安全性受到挑战，遭受威胁。首先，网络资源具有共享性，会计信息在储存和传输的环节中都有可能遭到非法攻击、恶意修改及信息盗取，不但会破坏原有的会计信息，使原有的信息失去作用，还有可能因为会计信息被企业的竞争对手了解和掌握，造成企业不可弥补的损失。其次，在互联网时代，原始凭证信息有可能被伪造。在会计工作中，原始凭证是信息来源的根本，对以后的会计信息尤为重要。但是进入网络时代后，会计进行入账工作时，原始凭证有可能被有关人员修改，这种会计凭证的伪造，会使整体会计工作失效，不再具有价值。

（四）相关的会计法规滞后带来的挑战

在互联网时代，会计的工作方式呈现多样化，但是和会计相关的法律法规却相对落后，这就使企业对会计系统的监管变得困难。首先，伴随互联网的飞速发展，市场上出现了大量的会计信息处理软件，其中不乏盗版制品。这些盗版制品有可能对公司的财务管理造成很大的负面影响，使会计信息的安全性与真实性难以得到保障。国家在这方面的法律法规有所缺失，如对正版制品的知识产权保护不够，在会计行业对会计信息进行监管方面产生不利影响。其次，互联网的发展和普及，促成了电子商务的兴起。我国的法律法规在这方面还不太健全，很难对这些新兴企业进行全面监管，由于缺少网络会计方面的法律法规，导致会计管理质量不高，同时，监管不足使网络会计存在一定的风险，使会计系统的安全性无法得到保证。

（五）会计行业面临国际化发展的挑战

互联网的逐渐普及和电子商务的不断发展，使人与人、企业与企业之间的联系更为密切，不再受时间和空间的限制。随着全球经济一体化的进展，电子商务的范围更加广泛，企业可以通过互联网和千里之外的客户形成业务往来，所用的时间极短，成交额数目巨大。可以说，全球一体化正日渐形成。这也意味着企业之间的竞争已波及全球，竞争程度更加激烈。企业若想得到长足发展，就必须不断增强自身的竞争力，企业在会计方面必须对国外通行的会计核算办法、会计制度和财务报告的相关制度加以了解，找出符合我国国情、适合自己并且在国际上通用的会计制度和会计程序，以应对国际化发展对会计行业的挑战。

二、互联网时代对会计教学的挑战

第一，互联网时代，国家的高等教育面临格局重构和生态重塑的严峻挑战。互联网时代打破了传统高等教育的市场壁垒，使高等教育资源的跨国流动和高等教育市场的国际拓展成为可能。以 MOOC 为代表的在线开放课程不仅代表了一种新的教学方式，更催生了新的教育生态，由此引发高等教育市场格局的重构和教育生态的重塑。当今世界，文化软实力已成为国际竞争的重要组成部分。外来文化渗透不仅威胁国家文化安全，也会影响国家的文化软实力。

因此，我们必须站在全球战略的高度审视高等教育的变革。高校学生是社会的精英、祖国的未来，如果我们不能打造自己的优质教育资源去占领教育阵地，去赢得广大学生，而让他们为外国教育资源所影响，后果将不堪设想。

第二，互联网时代，高等教育面临着教学模式的冲击以及教育理念的挑战。现有的高等教育教学方式仍然以固定课堂为主，而兴起的慕课、翻转课堂等打破了原有的教学方式，将固定教学转化成以互联网为载体的新型教育模式，课堂主角从教师变为学生，学生自主学习，学习地点也不再局限于教室。随着移动学习终端的迅速发展，在线学习成为日常生活必不可少的内容。高校的教育理念以培养知识性人才为主，而高校学生大多是被动接受学校安排的，以顺利毕业、找到工作为目标。因此，高校的教育理念必然要重塑，否则，会在越来越激烈的竞争中被淘汰。

第三，互联网时代，高校教师面临自身角色转变和提高信息技术应用能力的新挑战。高校教师要适应互联网教育模式下自身角色的转变，即从信息的展示者向辅导者、解惑者转变。在翻转课堂模式下，教师先录制好视频，学生课下根据实际情况观看视频，自主学习，课上教师按照学生的问题提供专业的解答，课堂的主角从教师变成了学生。互联网教育模式下的高等教育对教师提出了更高的要求，教师要加速适应新型教学模式，掌握过硬的信息技术教育能力，提升信息技术教学技能。这在一定程度上冲击了教师传统的教学理念，因此，教师要转变观念，适应以互联网为平台的新型教育模式。

第四，互联网时代，学生面临更大的新挑战。在互联网覆盖的今天，学习资源具有开放性和丰富性，但良莠不齐，学生要学会在资源中筛选有效信息并理解消化，真正掌握知识。在互联网教育模式下，学生自由选择学习时间及内容，但可能呈现无序性、重复性，因此学生要有效利用零碎时间将分散的知识点系统化，构筑知识网，过滤无用信息，掌握核心知识。开放性的网络必然会出现许多与学习无关的内容，干扰学生的注意力，降低学生学习效率。因此，互联网教育模式对学生的学习能力、自觉性等提出了更高的要求。

第二节　会计教学改革的理论基础

一、“十三五”时期会计改革任务与理论研究

我国会计理论研究在近年来取得了非常丰富的研究成果，在促进会计发展的同时，也促进了经济社会的发展，从而对市场经济的发展起到了非常重要的推动作用。国家根据《中华人民共和国国民经济和社会发展第十三个五年规划纲要》的有关要求制定的《会计改革与发展“十三五”规划纲要》（以下简称《规划纲要》）提出，“随着我国经济结构调整和发展方式转变，会计工作面临许多新情况、新问题，要求会计法制、会计标准必须适应环境变化不断完善、强化实施，要求会计从业人员必须转变观念、开拓创新，要求会计监管和宏观管理必须改进监管方式，形成监管合力和牢固树立服务理念，在认真总结过去五年会计行业成绩经验基础上，科学引导会计行业在未来五年健康顺利发展”。这就要求会计教育朝着专业化与法制化的方向发展。

（一）“十三五”时期会计改革任务

根据《规划纲要》确定的指导思想、基本原则和总体目标，“十三五”期间会计教学改革和发展的重点任务包括以下项目。

1. 开展会计理论建设

会计改革与发展离不开会计理论研究的支撑。我们要加强对会计理论研究工作的指导，坚持理论创新和理论联系实际，指导会计理论工作者紧紧围绕社会经济发展和财务会计中心工作，深入开展会计学术研究和理论创新，加快建立具有中国特色、实现重大理论突破并彰显国际影响力的中国会计理论和方法体系。我们要指导会计理论工作者深入改革实践一线，总结实践经验，形成理论指导，推动会计改革与发展；进一步丰富会计理论研究方法，切实改进文风学风，不断净化学术环境。我们要继续抓好会计名家培养工程等学术带头人培养项目；进一步办好《会计研究》和《中国会计研究》。我们要加强对各级会计学会的业务指导，支持会计学会依法开展学术活动，规范会计学会内部管理，努力把会计学会建设成为服务会计改革与发展的重要智库。

2. 切实加强会计信息化建设

会计行业要积极适应国家“互联网 +”行动计划和“大数据”战略的新要求，努力为业务数据与财务数据的深度融合营造有利的政策环境。我们要加强顶层设计，做好企业会计准则通用分类标准的维护和完善工作，推动其在监管领域和企业管理领域的应用。

会计从业人员要研究探索会计信息资源共享机制、会计资料无纸化管理制度等。我们要认真抓好《企业会计信息化工作规范》等制度的贯彻落实，积极探索推动行政事业单位会计信息化工作，推动 XBRL（可扩展商业报告语言）在政府会计领域的应用。

3. 深入实施会计人才战略

实现会计行业的发展，必须建设一支规模宏大、结构合理、素质优良的会计专业人才队伍。因此，我们要完善会计人才培养模式，创新会计人才培养方式，大兴爱才、敬才、用才之风，为会计行业的发展奠定基础。国家要继续深入开展全国会计领军人才培养工程，制定《全国会计领军人才培养工程发展规划》，健全全国会计领军人才培养工程及支持机制，创新领军人才的选拔、培养机制，完善考核制度，不断充实全国会计领军人才队伍，并持续推进全国会计领军人才培养工程特殊支持计划。同时，国家要因地制宜地引导各地财政部门和中央有关主管单位开展符合自身实际需要的会计领军人才培养工作，深入推进大中型企事业单位总会计师素质提升工程，加快推进管理会计、政府会计、国际化会计人才等行业急需的专业人才的培养，注重发挥用人单位在人才培养中的积极作用，建立健全会计人才联合培养机制，营造有助于高端会计领军人才成长的宽松环境。

国家要进一步改革会计专业技术资格考试评价制度，改进选才评价标准，完善考试科目设置，提高考试水平与实践能力的匹配度，形成初级、中级、高级（含副高级和正高级）层次清晰、相互衔接、体系完整的会计专业技术职务资格评价制度。

相关部门要认真做好会计专业技术资格考试和注册会计师考试管理工作。会计专业技术资格考试和注册会计师考试肩负着选拔人才的重任，是人才培养和执业准入的重要环节，也是引领会计专业人才成长的风向标，做好这项工作意义重大。会计考试工作具有政策性强、涉及面广、关注度高、组织难度大等特点，对各级财政部门始终是一件大事。相关部门要始终绷紧考试安全这根弦。考试安全是考试工作的核心，是实现考试公平公正的前提条件，任何时候都是考试工作的重中之重。

各级考试管理机构和工作人员都要严守纪律，强化安全管理，将安全保密和廉政风险结合起来，保证考试安全工作各个环节有效衔接。考试管理机构要强化考试组织管理，加强考试制度建设、流程建设和内部控制建设，把握重点、科学规划、严格执行，确保各项工作顺利完成。

国家要完善会计人员继续教育制度，提高会计人员专业胜任能力，加强对继续教育机构的管理，规范会计培训市场，进一步推动会计教育改革，加强会计专业学位研究生教育工作，加强会计行业职业道德建设工作，制定会计从业人员职业道德规范，提高会计从业人员的职业修养和素质。

4. 高度重视会计管理队伍建设

推动会计工作转型升级，承担艰巨繁重的会计改革与发展任务，关键在人，重点在于打造一支讲大局、懂专业、有思路、干实事、有担当的会计管理队伍。近年来，会计管理队伍素质不断提高，基本能够适应会计事业发展需要，但也存在一些问题。

具体问题包括：一些会计管理人员的思想、观念和知识出现老化，不能很好地适应新形势和新要求；一些会计管理人员从其他岗位轮岗交流过来，缺乏系统化的会计管理知识基础。各级财政部门要高度重视会计管理队伍建设，逐步形成面向基层会计管理人员的垂直培训与新政策、新制度专项培训相结合的培训机制，大力提升会计管理人员的素质和能力；相关部门要针对会计管理人员的知识空白、经验盲区、能力弱项，开展精准化的理论培训、政策培训、管理培训、法规培训和制度培训，增强他们适应新形势新任务的信心和能力。各级地方财政部门要重视会计管理人员的选拔和任用，将作风正派、责任心强、综合素质高的人员充实到会计管理队伍中；相关部门要注意保持会计管理队伍的稳定性；相关部门落实“党要管党、从严治党”的要求，既要严格管理和监督会计管理人员，又要在工作生活上关怀和支持会计管理人员，拓宽成长通道，让广大管理人员心情舒畅、充满信心，积极作为、敢于担当。广大会计管理人员也要珍惜自己的事业、人生和家庭，坚定理想信念，自觉遵纪守法，认真履职尽责，积极作为担当，努力为推进会计改革发展贡献力量。

5. 贯彻实施《规划纲要》

《规划纲要》是会计改革与发展的纲领性文件，全面贯彻实施《规划纲要》既是大力推动我国会计改革与发展的战略部署，也是中央有关主管部门和各级财政部门的一项具体任务，是实现会计改革和发展目标的一种制度安排。我们要切实抓好《规划纲要》的贯彻实施，深刻认识实施《规划纲要》的重大意义，组织学习和大力宣传《规划纲要》的指导思想、基本原则、总体目标、主要改革任务和政策措施，为全面深化会计改革营造良好的社会氛围。各地区、各部门要积极将《规划纲要》中关于会计改革与发展的举措纳入本地区（部门）的国民经济和社会发展规划中，有条件的地区（部门）可以结合实际研究制定本地区（部门）会计行业规划或配套政策措施，确保会计改革任务落地生根。

（二）“十三五”时期会计理论研究

理论源于实践，指导实践并接受实践检验。会计理论建设是“十三五”时期会计改革和发展的任务之一，同时，会计研究工作、会计理论的发展和繁荣又必须置身于“十三五”时期会计改革和发展的大局、融入十五项重点改革任务的具体实践中。我们要从中把握经济社会发展和会计中心工作的重大选题，特别是与供给侧结构性改革相关的问题，开展理论探索和创新，为研究制定会计政策、服务经济社会发展需要提供科学论证和理论支持。比如，去产能、去库存、去杠杆、降成本、补短板涉及的会计问题很多，企业破产清算的会计处理、无偿划拨资产的会计处理、僵尸企业的会计处理等，都需要会计理论研究人员深入改革实践一线，总结实践经验，形成理论指导。又如，党的十八大以及十八届三中全会、十八届四中全会、十八届五中全会对一些与会计有关的重大理论问题做了点题，包括“建立权责发生制的政府综合财务报告制度”“探索推进国有企业财务预算等重大信息公开”“编制全国和地方资产负债表”“编制自然资源资产负债表”“推行节能量、碳排放权、排污权、水权交易制度”“强化内部流程控制，防止权力滥用”等，这些都值得会计理论界加大关注、深入研究。可以说，中国特色社会主义建设的伟大实践，为我国形成有重大突破的原创性会计理论成果创造了无与伦比的客观条件。

当然，根据《规划纲要》关于繁荣会计理论研究的任务和要求，认真谋划并切实做好会计理论研究工作，努力做到会计理论与会计实务的相互促进，共同繁荣，努力营造高端会计人才脱颖而出、引领全国会计队伍建设的会计人才工作局面，努力实现会计学术活力强、学风好、成果优、影响大的“会计强国梦”，是全国组织开展会计理论研究工作的整体安排，也是会计理论研究工作相关人员理所当然肩负的使命，是为实现第一个“一百年”目标而奋斗的应有之义、必然之举。

会计管理人员、会计从业人员特别是会计理论研究人员应该深刻领会《规划纲要》的精神，在《规划纲要》的指引下，坚持不懈、开拓创新，真正实现个人研究成果丰硕、会计理论繁荣、会计事业兴盛的理想。

二、以创新引领会计信息化，助力会计工作转型升级

当今世界，信息技术日新月异，以数字化、网络化、智能化为特征的信息化产业蓬勃兴起。适应和引领经济发展新常态，增强发展动力，需要将信息化贯穿于我国现代化建设进程的始终，加快释放信息化发展的巨大潜能。信息化已经成为开展各项会计工作的基础环境，会计信息化建设是《规划纲要》所确立的“十三五”时期会计改革与发展的重要领域之一，是实现会计工作转型升级的重要基础。《规划纲要》从会计改革与发展的全局高度出发，提出了“十三五”时期会计信息化工作的目标、任务和措施，明确了会计信息化工作的重点方向，对于推动会计信息化创新，助力会计工作转型升级具有深远的意义。

（一）推进会计信息化工作创新的重要意义

会计工作是经济社会发展的基础，信息化是当今世界发展的必然趋势，会计工作与信息化建设密切相关、相辅相成、相互促进。在信息技术创新不断加快的情况下，积极推进会计信息化工作创新具有重要而深远的意义。

①推进会计信息化工作创新，是顺应信息技术发展趋势、贯彻落实国家信息化战略的重大举措。信息化是充分利用信息技术，开发利用信息资源，促进

信息交流和资源共享，以创新引领会计信息化助力会计工作转型升级，推动经济社会发展转型的历史进程和变革力量。党中央、国务院高度重视信息化工作，中共中央办公厅、国务院办公厅制定发布了《国家信息化发展战略纲要》，对《2006—2020年国家信息化发展战略》进行了调整和发展，是规范和指导国家信息化发展的纲领性文件，是国家战略体系的重要组成部分，是信息化领域规划、政策制定的重要依据。会计信息化是国家信息化的重要组成部分，既是完善国家信息化总体布局的重要环节和基础工程，也对提高全社会信息化水平有着十分重要的促进作用。在信息化时代背景下，会计只有不断应用先进的信息技术，才能深度挖掘会计信息功能，才能充分发挥会计的管理职能，才能提升会计在社会经济中的地位。

②推进会计信息化工作创新，是助力供给侧结构性改革、服务财政中心工作的客观要求。习近平总书记《在庆祝中国共产党成立95周年大会上的讲话》中指出，要坚持以发展新理念引领经济发展新常态，加快转变经济发展方式，调整经济发展结构，提高发展质量和效益，着力推进供给侧结构性改革。财政支持结构性改革的重要举措包括支持“三去一降一补”、推动理顺价格关系、推进城乡要素流动、优化投资结构等。在这些工作中，化解产能、理顺价格、实现包容性增长等工作，都依赖于市场发挥灵活有效的定价机制作用。这要求会计工作能够同时向企业内部和外部提供大量真实、完整、及时、有用的信息。会计信息化目前的水平与这一客观要求还有一定差距。只有坚定不移地推进会计信息化工作创新，才能充分满足价格发现、市场监管和企业内部管理等不同方面的需要，为供给侧结构性改革和财政中心工作提供有力支撑。

③推进会计信息化工作创新，是顺应市场经济发展要求，提升企业经营管理水平，实现会计工作职能和手段转型升级的有力支撑。会计是通用的商业语言，会计信息在反映企业经营状况、引导资源配置、完善基于市场供求的价格形成机制等方面具有重要意义。推进会计信息化工作创新，能促进会计信息生成与披露的标准化、规范化，促进会计信息与企业业务信息的同步化、集成化，把时效迟滞的信息变为实时在线的信息、相对单一的信息变为联结价值链的整合信息、单向“零售”的信息变为多向“批发”的信息，对于企业整合信息资源、延伸管理触角、实施精细管理、开展定制化服务、防范风险舞弊、做出科学决策具有重要的战略意义。

④推进会计信息化工作创新，是顺应经济全球化发展要求、参与国际规则的制定和协调的必然选择。随着世界多极化、经济全球化、文化多样化、社会信息化深入发展，全球治理体系深刻变革，谁在信息化上占据制高点，谁就能

够掌握先机、赢得优势、赢得安全、赢得未来。我国会计审计准则体系建设和国际趋同等效的经验启示我们，在规则制定过程中变被动为主动、变一般建议为施加影响、变追赶国际规则为逐步将自己的某些规则上升为国际认可的通用规则，对维护国家经济安全、根本利益和长远发展具有重大而深远的意义。我们应推进会计信息化工作创新，加强会计信息化、标准化工作，全面介入有关国际会计信息化标准的研究与制定工作，充分发挥中国在会计信息化标准方面的国际影响力，不断学习、借鉴国外先进成果并大力推进自主创新，积极推动我国会计信息化领域的标准成为国际标准，实现会计信息化工作的弯道超车。

（二）会计信息化工作取得的成绩

1. 会计信息化工作的顶层设计已基本完成

会计信息化工作需要调动多方面的积极性共同推进，在各单位的支持下，财政部先后建立了会计信息化委员会、可扩展商业报告语言中国地区组织和全国会计信息化标准化技术委员会三个协同机制。其中，会计信息化委员会是我国会计信息化标准体系建设、实施和管理的咨询、协调机构，由财政部、工业和信息化部、中国人民银行、审计署、国资委、国家税务总局、银监会、证监会和保监会九部委以及企业、高校、软件厂商和咨询机构组成；可扩展商业报告语言中国地区组织是可扩展商业报告语言国际组织的正式国家、地区组织成员，由会计信息化委员会的成员单位组成，是我国可扩展商业报告语言工作的国际交流平台，负责推动可扩展商业报告语言在中国的应用；全国会计信息化标准化技术委员会是负责会计信息化领域国家标准制定的专业技术委员会。

2. 会计信息化标准体系的建设已基本就绪

按照“标准先行”的思路，财政部以会计信息化标准制定为切入点，重点加强会计信息化标准的体系建设，目前已经建立较为完整的会计信息化标准体系。这一标准体系包括：①可扩展商业报告语言技术规范系列国家标准，用于规范可扩展商业报告语言相关计算机软件，于2010年制定发布；②企业会计准则通用分类标准，用于编制可扩展商业报告语言格式财务报告，于2010年发布，2015年进行修订。

3. 可扩展商业报告语言在资本市场、国有资产和保险等监管的应用已初具规模

目前，可扩展商业报告语言已应用于资本市场信息披露、国有资产财务监管、保险偿付能力监管等相关领域。目前，上海和深圳证券交易所的所有上市

公司在年度和季度财务报告披露中都使用了可扩展商业报告语言。国资委基于财政部通用分类标准制定发布了央企财务决算监管扩展分类标准，逐步扩大可扩展商业报告语言在央企财务监管中的应用范围，有16家央企试点实施。保监会在其第二代偿付能力监管中应用了可扩展商业报告语言。可扩展商业报告语言在上述监管领域的应用有助于监管部门提升监管效能。可扩展商业报告语言获得了越来越多监管部门的支持，在我国的应用范围不断拓展。

4. 可扩展商业报告语言对企业的应用价值已初步显现

在实施通用分类标准的基础上，部分企业正在探索将可扩展商业报告语言应用从对外报告领域向内部应用领域拓展。这些企业运用可扩展商业报告语言统一标记企业内部数据，形成统一的结构化数据体系，为会计管理工作提供高质量的数据支持。目前已有数个项目完成并投入使用，取得了良好的应用效果。例如，中石油湖北销售公司以可扩展商业报告语言标记了该公司信息系统产生的全部数据，初步形成了涵盖所有业务领域的运营大数据，在传统方法难以量化管理的环节上逐步实现精细化管理。浦发银行以可扩展商业报告语言标记了财务部门和多个业务部门共享的数据库，实现了服务于会计管理的“业财融合”。随着越来越多的企业探索可扩展商业报告语言的内部应用，我国企业应用可扩展商业报告语言的内生动力逐步增强。

5. 可扩展商业报告语言数据的互联互通已显露雏形

在会计信息化委员会各成员单位的支持下，财政部已逐步建立一套横跨财务报告领域和不同监管领域的可扩展商业报告语言分类标准体系，这些分类标准彼此之间互相兼容，为可扩展商业报告语言数据的互联互通奠定了坚实的标准基础。在这一分类标准“家族”中，财政部负责制定用于财务报告领域的通用分类标准，并联合监管部门制定通用分类标准在不同监管领域的扩展分类标准。这些分类标准采用相同技术架构，监管报告中涉及的财务概念、监管分类标准直接引用通用分类标准的定义，不再重复定义。统一标准确保了可扩展商业报告语言的数据可以相互兼容，进而为监管部门之间数据互联互通奠定了基础。同时，企业可以将多个监管部门不同的分类标准和报送要求置于同一个信息系统中，以便自动组装并生成对不同监管部门的报告，有效降低了企业对外报送的负担。随着监管扩展应用范围的不断扩大，可扩展商业报告语言通过统一标准实现数据互联互通的优势将逐步显现。

第三节　会计教学改革的发展趋势

一、会计行业的发展趋势

中国会计改革和会计行业的发展已经取得了显著成效，中国的对外贸易不断发展，为中国会计改革和会计行业的发展创造了更加良好的外部环境。目前，我国会计行业有一套严格的职业准入制度，这一准入制度不但是确认会计专业人才的门槛，也是会计教育的方向和内容。会计教育应根据会计人才市场需求、会计职业资格设定、会计高职人才培养目标、课程设置和教学模式进行调整。

（一）互联网为会计的行业发展提质增效

1. 信息传导实时呈现

借助专业的财务软件以及网络财务管理平台，企业的每一项资金流向都是实时动态的反映，实现全景监控，会计核算的范畴也进一步扩大了，企业的资金流动和运营流程更加公开透明。对于企业的管理者来说，可以借助远程监控系统对所有子公司或部门的资金流向和财务事项进行统一管理，并实时生成与业务匹配的协同报表，实现动态会计核算和在线财务管理，以供相关部门监管审查，实现会计业务一体化。借助互联网，分布于不同地域的企业部门还可以互联互通，集中对财务数据进行各种模式的加工处理，满足管理者的需求。

2. 信息呈现全面快捷

如今，企业通过规模扩张、多元化发展、兼并重组等多种方式，普遍走上集团化发展之路，企业跨地区、跨国经营是很普遍的现象，在这种状况下，对于整个企业的财务掌控和管理几乎完全要依靠互联网和专业财务平台。在网络环境的财务管理模式下，财务信息的收集和加工处理程序更加简易化、集成化，其外延也从单纯的计算报表扩充到跟踪定位、风险控制、单证交换、资本增值等方面。

借助于网络会计技术的应用发展，企业管理从制度控制向程序控制转变。通过网络财务管理中心，管理者可以按需索引数据，跟踪完整的数据流，满足个性化的管理需求。此外，云储存和云硬盘可以辅助企业建立数据库，集中储存公司各个时期的财务指标，并将之与其他同行业企业的有关财务指标进行实时比较分析，从而为决策者提供更好的参考与服务。

3. 信息共享便利

依托互联网技术，企业内部的会计信息处理加工和报表呈现的透明度进一步增强，针对不同的财务需求，相关部门可以借助网络直接采集大量的财会数据，也可以更便捷地获取企业外围信息，信息的集成功能和整体的管控性增强，财务运作更加优化。现代软件管理越来越先进，防火墙技术也进一步增强，信息的安全性得到进一步提升，通过网络安全授权，管理者直接获取相关信息，更加便捷地实现立体的、实时的网络信息资源共享，信息的采集、传导、加工将更加畅通。通过网络财务管理平台，企业可以做到点控，提高财务运作效率，为决策者提供更加可靠的财务报告。

（二）互联网为会计专业人员的转型带来新机遇

在互联网和大数据相互融合的影响下，财务工作的范畴已经从传统的金融核算、财务报表扩充为包括战略规划、前景预测、流程设计、预算管理、风险控制和绩效管理等在内的现代化的管理体系，身处其中的会计从业人员面临着转型发展带来的新机遇。

首先，会计从业人员的工作内容面临着从低阶的数据采集到高阶的数据加工的转型。以预决算为例，在传统模式下，因为存储数据、统计分析工具、从业人员技能素养的限制，企业的预决算大都基于一些内部数据和历史数据，即使是这样，也面临着数据碎片化、过时化的缺陷。互联网的出现和发展，为会计从业人员的转型带来了契机，他们工作的角色将从数据收集者向数据加工者转变，行业信息的收集异常简便，依托专业软件，企业可以对信息进行各种层面的加工，且流程更透明快捷，财务核算更规范有序，财务监督更科学准确。

其次，会计从业人员的身份面临着从操作者向管理者的转变。在移动互联网、云计算、大数据等信息技术的影响下，会计从业人员要逐渐向管理者转变，需要协同其他部门进行多方接口，开发多方账户，将现金流动预测、银行核算对账、资本核算控制、财务管理营运等纳入会计工作，着手建立会计数据运算数据库，并与其他行业进行对接以及数据交换，使财务信息更可靠准确，财务管理更加合理，财务数据反馈更加有序、及时、有效，进一步满足商品交易的需求和企业内部管理、控制、决策的需求。在网络大数据时代，管理者以及客户对信息核算处理、交换加工、传输传递的需求越来越高，传统的财务报告已经远远不能满足商业发展的需求了，人为操作错误率高、信息内容相对滞后等弊端越来越显现。

因此，互联网时代要求会计从业人员从简单的数据操作者进一步向管理者转变，呈送自动化、无纸化、实时化的报告系统。借助计算机和云技术强大的数据库系统，以及专业的研发公司开发的会计软件，财务信息的载体由传统的数据传输计算转化为对符号的加工，可以在最短的时间内完成上传、计算、归类和组合，随时生成满足特定财务需要的会计报告。网络计算已经从根本上改变了会计报告的传输形式。借助网络，财务信息可以无阻碍传导，有效地减少了人工消耗以及传递成本。此外，从对财务会计报告中的指标体系、资产负债表、利润表、现金流量表及相关附表的内容来看，利用专业软件，会计从业人员可以做到会计报告及时生成。对于审计人员来说，也可以将审计的时间从原来的年度审核变为月度审核甚至更短。除去国家统一标准，企业管理部门的审计内容也可以从原来的按照统一标准产生信息的模式转变为按照特定要求定制报告的模式，有利于企业及时发现纰漏。此外，企业还可以通过对历史和已发生的财务内容进行分析，预测未来的经济状况。会计工作将变得更多元，更全方位。

（三）互联网为会计职能的转变创造新环境

如今，会计的职能越来越从“数据的收集处理和造表提供”向“数据的对比应用和决策辅助”转变，从“事后操算”向“事前的预测评估”转变，这样的发展趋势有利于会计从业人员更好地挖掘会计行业的职业内涵。具体有以下两方面。

①发挥会计预测分析和监督监管功能，实现全程无纸化交易，推广电子账单、电子凭证、电子交易单、电子货币。新型的会计职能可以对企业的一系列生产经营活动或预算决算的执行过程与结果进行跟踪记录，利用软件和数据平台定期编制会计报表和数据指标，管理者可以据此考核运营目标或生产计划的推行情况，从而为下一步的决策提供可靠有效的资料信息。企业还可以依托专业的、市场化的软件应用，减少会计工作参与人数，减少计算误差，缩短时间。

此外，借助互联网可以让内部信息数据更安全有序地流动，分类地、连续地记录各项财务业务发生而引起的会计要素的增减变动情况和结果，为企业管理者提供各种类型的会计指标。会计从业人员可以进行异地远程结算，及时传输传送报表，还可以合理使用表格和图表，以视频或幻灯片的方式演示出来，可视性更强。同时建立在网络环境基础上的会计信息系统，也是电子商务的重要组成部分，它能够帮助企业通过财务、管理、成本、税务等部门间的合作合并，减少对会计职业本身的专业化需求。在电子商务模式下，会计信息容量增大，更容易实现财务与商业发生之间的协同远程报表、财务披露、查账。

②将会计工作的中心转移到协调管理中，进一步满足决策者需求。行业间的互联改变了原有的经营模式和工作运营环境，资本流动频繁，商业发生不受时间、空间限制，这种发展趋势对传统会计行业来说既是冲击，也可以为转型带来新的契机，会计从业人员要把握发展机遇，及时学习与调整，进一步与市场、国际的行业发展接轨，适应互联网电子商务的发展进程，从而为企业发展和公司决策提供更好的服务。

二、会计教学改革的发展趋势

（一）基于互联网模式整合会计教学资源

在网络信息飞速发展的今天，“互联网 +”应运而生，传统的教学资源必须进行相应的整合优化，这对会计的实践教学具有非常重要的意义。由于会计岗位涉及企业的保密信息，所以大多数企业不愿意招聘相应的实习生，而是喜欢聘用有一定实践技能的人员。那么这就要求高校通过仿真的企业模拟实训平台来提高学生处理业务的能力以及实际操作能力。在互联网背景下，高校必须培养适应企业需求的会计专业人才，运用互联网的大数据平台提升学生的职业综合能力。

（二）互联网背景下教师采用“慕课”“微课”等新的教学方式

互联网背景下，网络新媒体改变了传统的教育模式，使传统的教育模式向多元化的方向发展。对于高校的会计教师而言，不仅要有相应的互联网思维，还要有利用互联网技术的能力。教育改革强调的是创新，互联网时代要求高校的会计教师要不断创新，不断尝试新鲜的教学方式，如“慕课”“微课”等，使教学方式多样化。

（三）构建互联网时代会计的情景模拟实验教学模型

互联网时代已经不再是传统会计“填鸭式”教育模式的天下，而是利用“互联网 +”的新会计教学模式的天下。高校应当充分建立开放式的模拟平台，将会计环境纳入整个企业环境中去运行、去教学，充分建立会计的仿真企业模拟实训室，采用实践教学，与企业的真正需求接轨。

第六章　应用型人才培养视角下会计教学改革的新配套

当前社会对于应用型人才的需求不断提升，专业的课程教学活动需要将培养学生的知识实践应用能力作为基本目标，学生的专业知识、操作技能、职业素养对于未来的社会就业都具有至关重要的作用。本章分为会计教学改革的政策资源支持、会计教学改革的工具资源支持、会计教学改革的服务资源支持以及会计教学改革的信息资源支持四部分。

第一节　会计教学改革的政策资源支持

一、新会计准则

目前，我国众多公司实施的是被称为“新会计准则”的《企业会计准则》，财政部于 2006 年 2 月颁发，从 2007 年 1 月 1 日起实行。32 项使用指南，41 项详细原则，1 个根本原则构成了“新会计准则”系统。2014 年 7 月，财政部更改了 4 项详细原则与根本原则，并新增加了 3 项详细原则。它对会计从业人员提出了新的要求，促使会计从业人员具备更好的职场决断能力，并大力培养会计从业人员在这方面的技能。新会计原则变革会计基本规则，对会计教育方式造成巨大的影响，因此，我们应变革会计教育方式，提升教育质量与效果，从而与新会计原则的需求相适应。

（一）对会计专业教师的影响

新会计原则对会计专业教师的教育方式提出了更高要求。新会计准则要求教师及时更新会计教育观念，更改教育方式，培养学生自主创造和自主学习的能力，使学生自由发展，提升学生处理实际问题的能力。在教育过程中，为了达到教育的目标，教师需要改进自己的教育方式。教师之所以认为新会计原则很难运用到实践教育中，是因为新会计原则难度大、概念新、内容丰富。这就要求会计专业教师在教育方式上进行改变，利用多种教学方式与教学途径，使原本单调的教育模式得到改变，使学生成为课堂的主人，把学生的学习激情与兴趣充分调动起来，让学生喜欢学习会计知识。教师应根据新的教育方式，为学生建立一个可以自我发展的平台。教师应依据新会计准则的内容，引导学生形成自己的职业观念。

（二）对学生动手能力的影响

会计从业人员只有通过长时间的实习才能获得职场决断能力，但是学生的实习技能在当前的会计专业教育中得不到锻炼，因为传统教育注重讲授理论知识，学生很难把会计电算化与手工模拟实习结合在一起。此外，学生在会计实践中很难学到真正的知识，因为会计实践教学过于注重形式，真正的会计实践知识难以被学生学到，因此实习不能取得预期的效果。假如继续依赖从前传统的会计教育模式，学生很难获得职场决断能力，难以提高自己的职场应对能力，因此难以与新会计原则的要求相适应。针对这种情况，会计专业教师要为学生营造民主和谐的教育环境，把学生的自主性充分调动起来，开拓思想，把实践与理论相融合，学以致用，帮助学生将课上所学知识运用到日常生活中，训练学生的动手动脑能力。

（三）对学生专业素养的培养

会计从业人员具备职场决断能力是新会计原则的要求，在会计专业教育过程中这点很重要，同时会计从业人员的行业思想与专业素质也很重要。所谓会计行业思想，即会计行业关联的行业活动规定与原则。但是就目前会计专业教师教育的过程及教育的状况来看，并不重视培养学生的专业素质。

所以，教师应该把原本的传输式教育方式转变为多样化的创造性教育方式，培养学生形成自觉学习的意识，指导学生树立准确的价值观、人生观和世界观，推动学生全方位多层面的发展，尊重学生的个性，把他们培养成创新性人才。在培养学生专业素养时，教师要鼓励学生发表不同的看法，培养学生创新精神，使之与新会计原则对会计从业职员的需求相适应。

二、新会计准则下教学方法改进对策

（一）改进教学方法

牢固的会计专业知识是培养学生职场决断能力的前提，所以教师应使专业知识内容更丰富。在丰富专业知识内容的过程中，教师更应重视培养学生综合素养与全面才能，还应该讲授金融、经济、管理等方面的知识，拓宽学生的眼界，使学生实际处理会计事务的能力得到提高。教师应变革单纯灌输式的教育方式，多采用问题教学和引领教学，促进学生思想发展，提高学生创新能力与实际处理问题的能力。

（二）重视实践教学环节

会计从业人员巩固和提升职场决断能力需要处理大量会计事务。会计教育要提升学生的职场决断能力，就必须使学生获得大量实践机会。所以，教师要在分阶段、分章节实行测验和技能考试的前提下，让学生出演会计单位中的工作者，通过岗位出演的方法加强学生对岗位职责的认知。学校可以和公司合作，让学生走进公司实习，使学生在实习过程中提升综合能力。

（三）重视专业素质教育

教师要注重学生的专业素养教育，特别是学生的工作思想和法律常识。专业知识是行业决断的必须前提，会计从业人员要想按照会计原则的要求去审阅、确定和计算会计数据以及为企业提供准确、真实的会计信息，就必须形成优秀的专业素养。

（四）树立学生的职业判断意识

会计专业教育的任务是把会计专业的学生培养成会计专业人才，使学生具备丰富的会计知识和优秀的职业素养。按此需求，教师应注意培养学生的职业判断意识，帮助学生了解会计未来的发展形势，使学生清楚会计职业判断带来的帮助。随着市场环境的变化，会计机制一定会因为市场的变化而发生变革。

第二节　会计教学改革的工具资源支持

一、多媒体在会计专业课程教学中的运用

传统授课方式在现代会计专业课程教学中存在诸多局限和不足，针对这种情况，随着多媒体技术的发展，多媒体教学工具被广泛运用于课程教学中。而在会计专业的学习中，沙盘模拟是常用方法之一。此外，网络的不断发展，一些有利于会计学习的网站和软件也悄然兴起。实践表明，合理使用多媒体教学能够大幅提高教学效果。

（一）优势分析

①会计专业课程承载的信息呈现方式和处理方式多样化。多媒体能够完成在内容上相关联的多媒体信息的处理和传送，如声音、活动图像、文本、图形、动画等；多媒体能够高度集成这些元素，形成搭配合理、协调统一的教学资源，同时教师可灵活处理这些资源，根据教学需要调整教学内容。

②多媒体能够直观、生动地输出教学内容，更好地揭示会计知识内在的逻辑性，有利于会计知识的阐述，有利于吸引学生的注意力，便于学生理解，使学生观后印象更加深刻。此外，教师精心设计的优秀教学课件可有效降低课程的难度，深入浅出，化复杂为简单，化抽象为具体。

③多媒体特别适用于会计案例的讲解，是案例展示和讲解极好的辅助工具，相比传统的教学手段更加方便、简单，多媒体中的声音、动画等元素会使教师对会计案例的讲解异常形象、生动。

④多媒体以超文本结构组织教学信息，为学生提供多样灵活的认知途径。多媒体能为教师的教学和学生的学习提供良好的导向。同时，师生利用多媒体系统还可方便地接入因特网，从资源平台获取相关知识。

⑤多媒体能够提供友好的交互界面，使学生积极参与认知过程，体现学生主体地位，激发学生的学习热情，是一种全面的、双向的、主动式的交互，这种交互十分有利于课程教学效果的提升。

⑥多媒体的共享性和复制性特征使优秀的教学资料能够共享和传输，为教师提供丰富的教学资源，也为学生拓展了获得学习资料的渠道。

⑦多媒体的产生为虚拟教学提供了基础条件。虚拟教学、虚拟图书馆等都需要使用大量的多媒体教学资源，真实课堂外的虚拟教学十分有利于会计专业

学生的学习，是课堂教学之外的一种教学形态，有利于学生自学。

（二）提高多媒体教学质量的方法或对策

虽然多媒体是现代教学的重要辅助工具，但是如果教师不合理地使用多媒体工具，也会产生不良的教学后果，严重影响教学质量。教师在会计专业教学活动中运用多媒体，应注意采用恰当的教学方法，采取一定的对策，充分发挥多媒体在教学中的优势，克服其存在的不足。根据会计专业的实践经验，我们总结出以下方法或对策。

①充分展现教师的个人魅力。教师运用多媒体教学时，不能缺失肢体动作、脸部表情。有些教师利用 PPT 授课时，整堂课都安静地坐在讲台上，像机器人一样放映 PPT 课件，面无表情，学生听起来索然无味。PPT 课件只是一个辅助工具，教师不能完全依赖它。教师在教学过程中须伴有饱满的、丰富的动作表情，全方位刺激学生的视觉和听觉神经，充分展现教师的个人魅力。

②教师要加强与学生的互动，体现学生的主体性。运用多媒体教学可以更好地促进教师与学生之间的互动，但是有些教师使用多媒体授课时，只是简单地把多媒体作为“已打印出的课件稿子”，一味地坐在讲台上“埋头宣读课件”，几乎没有与学生的互动，因此大部分学生听着索然无味，无精打采。教师应避免向学生单向灌输知识的情况出现，而应充分体现教学过程中学生的主体地位，让学生在课堂中都是积极分子，正所谓有呼有应，教学相融。

③教师要加强学生抽象、逻辑思维能力的培养。多媒体能够很直观地展现解决某些问题的过程，使学生容易理解，但是有时会造成学生缺失对抽象、逻辑问题的思考能力。因此，教师要学会运用多媒体教学的技巧，正确引导学生对抽象问题进行思考。在讲述某些抽象、逻辑性问题的时候，教师不能急于通过多媒体直接给出问题解决的方法或步骤，而应借助于多媒体辅助工具，遵循问题提出、提示引导、讨论建议的原则，逐步给出抽象问题的解决过程，培养学生思考的习惯。

④教师使用的课件不能背离教学目标和教学内容。教师不能一味追求课件外观上的漂亮，避免出现课件确实让学生眼前一亮、拍手叫好，但只是给学生视觉上的冲击，未能达到预定的教学目标，与教学内容相差甚远的情况。

⑤教师不能忽视会计理论和设计思想的教学。有些教师使用了多媒体后，就大量讲解实例、会计账目处理流程等，而忽视对相关会计理论的教学，没有讲清、讲透会计设计的思想，其结果是把学生培养成只会模仿操作的机器人，而失去了创造能力。

⑥学校应建立和健全多媒体电教系统、多媒体网络教学系统，实现教学工具的信息技术化，教学手段现代化。建立多媒体综合系统是拓展教学和学习渠道的一条有效途径，不但可以增加课堂教学的知识输出量，增加学生课外学习的机会，还能以新颖的视觉方式刺激学生大脑的兴奋点，从而大幅提高教学效率。如果条件允许，学校还应努力构建学生课外学习的平台，为其提供丰富优质的学习资源。

二、基于会计岗位特点的教学改革

（一）体现岗位分工原则

会计岗位涉及出纳、成本会计、销售会计、采购会计、财务主管、财务经理、财务总监等。一项经济业务的账务处理可能涉及多个岗位，教师可以分工设置角色，将企业工作中的经济业务的处理与课堂教学相结合，让学生体会不同的岗位对经济业务的处理过程。这种形式既能提高学生的实践能力，又能让其身临其境地体会会计岗位的职责，以及会计业务处理的整个过程，从而为学生日后走上工作岗位打下扎实的基础。

（二）根据教材特点重组教学内容

目前，“财务会计”的教材涉及会计要素的各个方面，带有“准则 + 解释”的特点。教师在安排教学内容时，可以依据中小企业财务处理的基本情况，结合网中网软件的仿真操作，选择难易适当的内容进行教学。

（三）岗位体验中配合“财务会计”课程的仿真软件教学

由于企业财务数据具有保密性，学生要进入企业学习真实的账务处理不太现实。而在教师教学中，有的内容通过“讲解 + 练习”的传统教学模式难有好的实践效果。在这种情况下，教师采用网中网仿真软件辅助教学，能取得事半功倍的效果。例如，针对报存货核算方法中的实际成本法核算，网中网教学软件的实训任务提供了如下案例：2015 年 04 月 16 日，江宁电器有限公司采购商品一批，根据背景资料编制记账凭证。在该实训案例中，背景资料提供了商品的增值税专用发票、仓库的入库单，以及银行进账单和转账支票。在操作时，学生首先需要转换角色（有制单员、出纳、记账和会计主管等角色），按选定的角色进行实训。该实训任务选择制单员角色，进行记账凭证的填制。学生首先将凭证日期“2015 年 04 月 16 日”填好，凭证字号“记字第 031”已有，然后在摘要处填入“购入商品”，总账科目填列“库存商品”“应交税费”和“银行存款”，在对应明细科目分别填列商品名称“应交增值税（进项税额）”和“中国银行某某支行”，金额分别填入借贷方，画斜线，填入合计金额，最后将附账单据写好，在制单处签章。通过该实训，学生切身体会到财务会计岗位的工作职责和工作内容。

第三节　会计教学改革的服务资源支持

一、会计专业教学与服务资源库的建设内容

会计专业教学与服务资源库是为会计教育者、学习者、社会会计人员和经济实体提供所需资源和服务的平台，会计专业教学与服务资源库的建设，能提升高校会计专业的人才培养质量和社会服务能力，帮助会计从业人员提高和更新技能，满足个人多样化学习和终身学习的需要，同时形成区域性职业教育教学资源库建设范例，带动全国职业教育教学资源库建设。2012 年 3 月 13 日，教育部颁发了《教育信息化十年发展规划（2011—2020 年）》（以下简称《规划》），提出我国力争到 2020 年超前部署覆盖城乡各级各类学校和教育机构的教育信息网络，《规划》对加快职业教育信息化建设、推动信息技术与高等教育深度融合、构建继续教育公共服务平台等教育信息化涉及的深层次问题做了详细阐释。《规划》在发展目标中提出，基本建成人人可享有优质教育资源的信息化学习环境，基本形成学习型社会的信息化支撑服务体系，教育管理信息化水平显著提高，信息技术与教育融合发展的水平显著提升等。建设会计专业教学与服务资源库，一方面可以提升高校会计专业的人才培养质量和社会服务能力，使全国会计专业学生受益，另一方面可以使会计从业人员提高和更新技能，为个人多样化学习和终身学习提供服务。其具体内容包括以下几部分。

（一）专业背景

专业背景反映专业的整体情况，包括专业调研报告；职业岗位工作任务分析表；专业标准；专业课程体系；专业人才培养方案等内容。

（二）资源中心建设

资源中心建设包括一切可用于专业教育教学的物质条件、自然条件、社会条件以及媒体条件，是专业教学材料与信息的来源，分专业课程中心、实训实验中心、技能认证中心、专业素材中心和服务交流中心。

1. 专业课程中心

专业课程中心的建设要具体到每门专业课程的建设，专业课程包括“会计学原理”“财经法规”“初级会计实务”等考证课程以及服务于不同会计岗位的“出纳实务”“成本会计”“纳税会计”等岗位课程。课程建设主要包括以下要素：课程设计，课程标准，电子教材，电子教案，教学课件，配套习题，教学案例，授课视频，业务操作平台，具体业务的动画、视频演示。

2. 实训实验中心

实训实验中心是为专业实训实验项目服务的，分设常规实训室、虚拟实训室和 ERP 电子沙盘实训室三个模块。

（1）常规实验室

常规实训室以学校现有的各个实训室为单元进行建设，建设内容紧紧围绕实训项目内容及实训实验教学环节而展开，全面支持教师的教与学生的学，注重提高学生专业技能。常规实训室一方面为在校师生的实训实验教学提供网上服务平台，促进学生专业技能的提高；另一方面，面向社会开放，成为高技能人才培养基地，成为社会人员终身学习、可持续性学习的公共服务平台。常规实训室的建设包括以下要素：实训项目资料、实训测试题、实训室配套的仪器设备图片、仪器设备使用视频等。

（2）虚拟实训室

虚拟实训室是包括会计职业场景、岗位设置、岗位工作任务、操作角色在内的 3D 虚拟实训系统。学生可以选择不同岗位进入系统，按照工作流程完成各项典型工作任务。该系统通过角色转换、上岗操作、业务路线选择、签章等功能，实现融职业认知、职业判断、业务处理、实务操作、评价反馈、教学管理为一体的实训教学功能。虚拟实训室的建设包括以下要素：虚拟实训项目、虚拟实训项目操作手册、虚拟实训素材、仿真练习系统、使用说明等。

（3）ERP 电子沙盘实训室

ERP 电子沙盘实训室是模拟企业实际运行状况，将企业整体战略、产品研发、生产、市场、销售、财务管理、团队协作等方面结合在一起，让学生体验完整的企业经营过程，感受企业发展的典型历程，感悟正确的经营思路和管理理念。

3. 技能认证中心

技能认证中心是为提高学生以及社会会计从业人员的专业技能服务的，包括技能过关、技能竞赛、技能证书三个模块。

（1）技能过关

技能过关模块主要用于第二至第五学期进行的“分段式”职业基本技能训练和考核。其主要内容有第二学期的“出纳技能过关”，第三学期的“会计基本技能过关”，第四学期的“岗位综合技能过关”，第五学期的“真账操作过关”。每项技能需要建设的要素有技能介绍、技能要点、技能演示视频、技能评价标准、技能过关测试系统等。

（2）技能竞赛

技能竞赛模块围绕各项专业技能竞赛建设，分设职业道德知识竞赛、点钞竞赛、账务处理技能竞赛、纳税实务知识竞赛、财务会计知识竞赛等项目，每项竞赛的建设要素包括：赛制项目介绍、竞赛规则、竞赛工具图片及使用说明、竞赛题库、网上竞赛平台等。

（3）技能证书

技能证书模块是为会计考证服务的，分助理会计师考试和会计师考试两个建设项目，每个项目的建设要素包括：考试介绍、考试大纲、在线课堂、练习题库、模拟考场、考试热点信息等。

4. 专业素材中心

专业素材中心是为了增强专业学习的形象性和生动性，拓展专业知识汇集的原始材料，分设图片库、文档库、视频库和动画库。

①图片库是用一些形象的图片展示会计工作用品、用具，包括各式会计凭证、账簿、报表的图片、保险柜、点钞机、验钞机、算盘、计算器等财会用具的图片。

②文档库是与会计职业相关的一系列文档，包括各种会计法律、法规、规章的电子文档以及相关文献资料的电子文档。

③视频库以视频的形式生动展示会计工作的流程和方法，包括典型业务操作方法的视频演示。

④动画库以动画的形式展现各项会计工作程序，包括典型业务经办流程的动画演示。

5. 服务交流中心

服务交流中心分设会计信息公告、在线会计服务、财务管理咨询和财会论坛。

①会计信息公告负责公布最新的会计考试、会计培训、法规准则等通知，使用户及时获取相关信息，及时更新业务知识。

②在线会计服务通过在线传递会计信息，为企业提供网上会计业务处理与财务分析、网上纳税申报等服务。

③财务管理咨询为企业的财务管理提供咨询等服务，不断提高服务交流中心的专业服务能力。

④财会论坛是指建立一个网络交流平台，加强服务交流中心与校外、省外以及国外的信息交流和互利合作。

（三）应用平台建设

应用平台是用户登录资源库、获取所需信息的入口，登录后可以获取资源中心的各类资源，包括在校学生应用平台、专业教师应用平台、社会公众应用平台和中小企业应用平台。

在校学生应用平台主要面对在校的会计类学生，可供学生在线登录、进行实训练习、查询专业信息、参加专业技能培训等。

专业教师应用平台主要面对专业教师，可供教师在线登录、网络教学、在线答疑、获取课程建设资源等。

社会公众应用平台主要面对社会大众，可供其在线登录、会计技能培训、会计后续教育、信息查询、所得税计算、自主学习会计知识等。

中小企业应用平台主要面对社会中小企业，可供其在线登录、财务管理咨询、请求代理记账、纳税申报、纳税筹划等。

二、会计专业教学与服务资源库的建设要点

会计专业教学与服务资源库的建设旨在满足师生和社会的需要，实现这一建设目标需要抓好一些关键环节，包括前期准备、建设过程和后期维护。首先，我们要做好前期的调研和分析，这是资源库建设的重要前提，通过调研分析形成合理的资源库建设方案，明确具体建设内容。其次，我们要重点抓好资源中心的建设，包括专业课程中心、实训实验中心、技能认证中心、专业素材中心和服务交流中心。最后，资源库的后期更新和完善也是非常关键的，需要实时更新、不断完善，才能起到有效服务的作用。

三、会计专业教学与服务资源库的建设意义

会计专业教学与服务资源的建设经历了广泛的调研工作，既满足了会计专业师生教与学的需求，能更好地服务于区域职业教育人才培养工作，又满足了社会会计从业人员多样化的需求，供其查询会计法律法规和会计专业知识，帮

助其完成继续教育、提高专业技能，同时突出为中小微企业服务的特色，专门设立中小企业平台，帮其解决相关财务问题，使资源库建设更好地服务于区域经济。

第四节 会计教学改革的信息资源支持

一、改革会计专业的课程设置

现代信息技术的发展使教育逐步走向信息化、开放化、大众化，极大地拓展了教育的时空，为素质教育、创新教育提供了环境、条件和保障，也为会计教学改革提供了良好的机遇。随着通信科技与计算机科技的快速进步，现代信息技术应用于会计专业教学，信息技术与会计课程教学的整合已成为当今会计教育发展的必然选择。

在现代信息技术条件下，数据共享、网络传输已成为信息管理的主要方式，而会计信息与生产信息、经营信息在很大程度上已融为一体，因此在设置会计课程时，学校必须考虑网络环境下处理会计信息的需要，研究探讨新的会计课程体系。会计专业课程的设置要尽可能与管理学、经济学和现代网络信息技术有机结合，会计教学中应增加与信息技术相关的课程，如“现代信息技术”“网络环境会计核算与控制”“管理信息系统”“电子商务与会计”等课程，使学生在掌握传统会计核算原理的基础上，了解信息技术背景下的会计行业发展，具备应用信息技术处理会计信息的能力。

二、创新会计教学模式

随着教育信息化的不断推进，现代信息技术对传统的会计教学模式造成了冲击，传统的会计教学模式已经越来越不能满足现代会计教学的要求。这就要求我们必须加快会计教学模式的创新，应用现代信息技术和新的教学模式使传统的埋头苦学式的学习方法被新型的团队式的学习方式所替代，使传统的课堂教学形式被新型的个人探索的形式所替代，使传统的教学内容被瞬息万变的最新内容所替代。

现代多媒体技术的发展，使交互探讨教学成为可能。交互探讨教学模式是教师利用计算机网络技术和会计教学软件，达到教师和学生双向交流的教学目的一种教学模式。例如，在会计信息化实验室中，教师可以利用计算机网络的同步和双向传递功能进行教学。

这样，学生可以通过计算机向教师提出问题，教师可以在自己的主机上回答学生提出的问题并指导学生解决问题；教师既可以对学生进行单独辅导，也可以对一组学生进行集体辅导；教师还可以把某个学生的作业放在网上供大家集体学习。总之，交互式教学的关键是教与学的互动，如果学生只是信息和知识的被动接受者，而不能主动参与其中，那么这样的教学过程就是枯燥的，也无法达到有效的教学效果。

三、提高会计教学效果

教师应用计算机网络技术的教学平台系统、智能辅导系统开展教学，将带来教学手段的变革，大大提高教学效果。

（一）开发多媒体辅助教学系统

在传统的教学方式下，有许多会计问题因数据量过大、业务处理过程繁杂以及教学时间的限制，无法采用手工的方式在课堂上解决。因此，完整的会计实例教学往往流于形式，教学内容常常只是讲授会计原理。教师利用多媒体课件和会计教学软件等进行辅助教学，可以将传统教学方式下难以表达的会计理论、会计方法和会计实务引入课堂，显著地提高教学效果，激发学生的学习兴趣和学习主动性。

（二）发展网络学习系统

教师利用网络系统可以为学生提供模拟的会计实验环境，让学生在局域网上进行有关信息检索、信息搜集以及信息处理的实验。例如，教师可以将一些商品化会计软件嵌挂在学校的局域网上，根据网站的实验案例库所提供的实验案例数据，由学生完成账务处理、编制会计报表、财务分析、工资核算、固定资产核算、存货系统核算等多项会计实验操作。学生完成实验后，将实验账务数据传回到实验作业库中，由教师进行评价。这样，学生利用会计实验软件系统进行反复实习，一方面可以进一步加深对会计核算的基本原理的理解，亲身体验会计核算方法的具体应用和会计数据处理的全过程；另一方面，学生可以在计算机网络环境中完成教师布置的会计核算作业，将所学的会计理论知识与会计实务进行有机结合，最终形成会计职业能力。

四、加强学生能力的培养

学校应使学生适应现代信息技术的要求，加强学生能力的培养，具体包括以下几方面的内容。

（一）学生信息技术应用能力的培养

现代社会步入网络经济时代，越来越多的企事业单位正在逐步构建内部管理信息系统，而会计信息系统又是管理信息系统中的一个核心子系统。这就要求所培养的会计专业人才应该具备熟练地应用计算机网络技术的能力。所以，教师应该加强计算机网络知识的教学，开设更多的计算机应用，电脑网络使用、维护、设计等相关课程，丰富学生的计算机网络知识，提高学生的网络技术应用能力。

（二）学生信息检索能力的培养

在网络信息时代，大量信息在给人们带来方便的同时也带来了诸如信息量过大、信息不对称、信息安全等一系列问题。如何在大量信息中及时发现有用的信息，是未来会计专业人才必备的基本技能。

因此，在信息技术日益普及的环境下，高等教育在增强学生信息意识的同时，应重视培养学生的信息获取能力，使学生能够利用各种网络数据库、光盘数据库和图书馆信息资源，有效地获取本学科领域内的相关信息以及有关社会生产所需的各类信息。这就要求教师把包括现代信息检索技术、数据库管理和信息分析技术等数据开采、发现的技能和方法传授给学生，提高学生的信息检索能力。

（三）学生自我学习能力的培养

在知识爆炸的时代，新的知识不断涌现，新型会计专业人才必须具备不断更新自我知识的能力。国际注册职业会计师协会已经把通过互联网进行的在线教育列为注册会计师后续教学的主要手段。“终身教育”“自我教育”已不再是一句空话，而是会计专业人才适应社会需求、自我提高的基本手段。因此，现行的会计教学必须兼顾传播知识技能和培养学生自学能力的双重任务，使学生逐步适应网络时代最为广泛的“在线教育”模式，让学生具备利用网络更新知识、实现自我教育的能力。

（四）学生创新能力的培养

教师要在教学活动中培养学生的创新能力就要充分尊重学生的主体地位，发挥学生在学习过程中的自觉性、自主性和创造性，不断提高学生的主体意识和创造能力，最终将学生培养成为能够进行自我教育的社会主体。学校对会计专业的学生进行创造性教育，应该加强会计网络教学体系的建设，主要包括以下几个方面的内容。

①资源库的建设，包括建设网络会计课件（积件、智能学件）库、网上会计案例库、上市公司数据库，以及考试试题库等；②支持平台的建设，向教师提供上传下载素材、课件的服务，向学生提供下载学习资料的服务；③应用系统的建设，向师生提供用于会计教学的资源，包括保证安全的身份验证、课件点播的交互式界面等。此外，网上会计信息资料要及时补充与更新，使学生能够方便地查询和下载最新的学习资料。

五、提高教师的信息化素养

教师素质直接影响着教学的效果与质量，要培养适应信息技术发展的高素质会计专业人才，必须全面提高会计教师队伍的素质。会计教师除了需要掌握新的会计理论和方法，具有独立思考、独立教学的能力之外，还需要提高运用信息技术的能力，熟练运用计算机网络技术，方便快速地查询最新的科技资料和各种法规制度，及时更新教案，合作开发与使用计算机多媒体教学资源，进行课程资源建设，开展课堂互动教学，不断提高自身的业务素质和信息化水平。

六、“微资源”在会计教学课堂中的应用

随着我国信息技术和互联网的不断发展，高等教育的教学手段和教学方式都发生了巨大的变化，微资源在教学中得到了广泛的应用。微资源充分应用到会计课堂教学过程中，可以不断丰富课堂教学手段和教学工具，取得良好的教学效果，还能提高各种资源的利用效率，使整个课堂更加具有感染力。

（一）微资源在会计教学中的应用优势

1. 实现会计电算化教学

近年来，随着我国各种信息技术和互联网的不断发展，教师在教学中应该充分利用各种信息资源，在会计教学过程中充分使用微资源，实现会计教学的电算化。在会计教学过程中，教师应该考虑会计工作本身的隐秘性和保密性。在会计教学中，电算化教学是非常重要的。在教学过程中，教师单纯采用理论教学是远远不够的，只有借助各种先进的多媒体技术等教学手段，才能真正提高学生的实践操作能力。

2. 丰富教学资源，实现资源的再利用

在教学过程中，教师面对的是全班学生，而在全班学生中，不同学生的学习能力是不一样的。在课堂教学中，如果学生对教师的课堂教学内容并没有完全掌握，或者学生由于生病等原因没有参与课堂教学，就可以在课余时间利用

微资源学习课堂知识。充分利用各种微资源，学生在课余时间就可以对教师在教学过程中提出的问题和讲解的知识点进行回顾，仿佛置身于真实课堂中，从而实现课堂资源的再次利用。

3. 帮助学生构建知识模型

微资源是一种时间较短但是内容非常丰富的学习资源。教师通过微资源进行会计知识教学，可以将各种各样的学习资源整合到一个视频或者界面上，将课程知识点通过有趣的形式展现在学生面前，大大节约了教学时间。

另外，教师采用微资源进行会计教学的过程中，可以将微资源传输到学校的学习网站平台上，学生在课余时间可以通过互联网登录学校的学习平台，然后找到教师上传到平台上的学习资源进行学习，使学生的学习不受时间和空间的限制，使教学时间和空间得到有效拓展。

（二）微资源在会计课堂教学中的应用措施

1. 选择合适的教学内容进行微资源教学

在会计课堂教学过程中，教师应充分利用微资源进行教学。微资源是会计教学的一种补充和延续，并不是会计教学的一种缩影。教师在教学过程中应该明确这两者的关系，做到分工明确。虽然将微资源应用到会计教学过程中具有多种优势，无论是教学效果还是教学方式都得到了改进，但是并不是所有教学内容都适合采用微资源教学。对于不适合微资源教学的内容，教师如果采用微资源进行教学，不仅不能充分发挥微资源的作用和优势，甚至还会适得其反，使整个课堂教学质量下降。在讲解操作性比较强的教学内容的时候，教师通过微资源的教学方式，可以不断提高学生对知识点的学习兴趣，让学生积极主动地参与到教学过程中，从而全面提高学生的会计学习成绩。

2. 科学、合理地制定微资源教学项目

在教师采用微资源进行教学的过程中，制定合适的微资源教学项目是非常重要的。教师在采用微资源进行教学的时候，首先应该制作一个合理、科学的微资源，应该明确教学目标，根据教学目标进行微资源设计，保证微资源中不能留有空白。用录制视频的方式授课和多媒体教学模式有一定的相似性，教师应该充分利用不同的素材充实微资源，只有选取了合适的素材，才能使整个微资源讲授的内容更加充实，并且使微资源呈现的内容更加形象，有效激发学生的学习兴趣。

3. 进行多元化的微资源教学

会计课程教学本身就具有较强的实践性和理论性，会计知识本身就非常丰富，因此在教学过程中教师不应该局限于课本上的有限知识。在会计教学过程中，知识点之间的关联非常紧密，所有知识点都是环环相扣的，学生在学习过程中对于任何一个知识点都不能遗漏。在会计教学过程中教师要充分利用各种微资源，进行多元化教学，不能局限于某一种固定的教学方式。

第七章　应用型人才培养视角下会计教学改革的发展思路

目前，应用型会计专业课程的教学方法，大多分为理论教学和实践教学两个部分。但由于教学实施方式的单一性，设计内容的实践性、组织性不合理，教学效果较差。在这种教学模式下，学生难以系统地了解会计知识和会计理论，导致学生的基本理论不扎实，缺乏足够的专业判断能力和实践能力。因此，我们有必要对会计实践教学方式进行课程改革，增强教师的授课能力，增加学生的实践和培训机会，实现零距离就业。本章分为会计专业人才培养模式实践、应用型会计专业人才培养的实施路径、会计教学改革的发展思路三部分。

第一节　会计专业人才培养模式实践

一、本科会计专业人才培养模式

（一）传统的本科会计专业人才培养模式的不足

1. 教学模式发展滞后

具体表现为：一是以教师授课为主，学生处于被动状态。大部分课堂问题已经设计好了答案，只有唯一答案，显然脱离了复杂多变的现实情况，用这样的案例教育学生，不利于培养他们的创造能力。以通过职业考试为导向的教学方法进一步束缚了学生的思维。会计教育与人文知识、自然科学知识教育衔接不当，不能达到高等教育的基本目标。继续教育对会计职业至关重要，却没有受到充分重视，开展继续教育的机构之间也缺乏联系。

二是对会计教学中的实际问题的讨论分析不够充分。会计专业教材多是对会计制度的讲解，并在此基础上增加了一些简单的例题、练习。教材内容不生动，把本来丰富多彩的实际经济业务简单化，限制了学生的思维，使其不能很快适应复杂的实际情况。

三是实践环节缺乏。学生在校的实验活动集中在会计基础课程中，该课程实践性较强而其理论又比较抽象，对于从未接触过会计工作的学生来说，难以理解和掌握。

2. 课程之间的联系性较差

在传统的会计教育模式下，各门课程之间尽管在内容上做了协调，但各自为政，忽视了彼此之间的融合发展，学生很难将所学知识进行整合，形成自己的能力。例如，在“会计学”中教师只讲授与会计业务有关的个税知识，而在“税法”中教师只从经济法的角度来向学生传授单纯税法的内容，却没有将二者很好地联系起来，使学生在实际从事税务会计时感到无所适从。

3. 偏重于会计专业知识教育

传统的会计教育往往通过设置一系列会计课程来完成。在教学方案中，会计课程的课时通常占总课时的 50% 左右。教学方案尽管有部分经济学、管理学及信息使用的课程，但课时数较少，而且内容往往是相对固定的，同时学生对其的重视程度远不如会计课程。

4. 缺乏对学生实践能力的培养

传统的会计教育侧重理论学习，忽视学生实践、应用能力的培养。在传统会计教育模式下，学校往往开设一系列会计专业课程，偏重于教授学生基础知识、理论知识，而忽略了教会学生如何应用这些知识。在这种教学模式下，学生学会了怎样编写会计分录，怎样编制会计报表，但在如何利用所生成的信息帮助企业解决日益复杂的财务活动及会计问题方面则显得不足。

（二）应用型会计专业人才培养模式的构建

传统的本科会计专业人才培养模式存在很大的弊病，束缚了本科会计学生的发展。因此，我们必须进行应用型会计人才培养模式的改革。

1. 教学选择模式

教学模式是教学理论和教学实践的综合体。一种教学模式总有一定的理论主张、理论倾向和理论依据。影响教学过程的诸多要素在时空上的组合方式，直接影响着学生学习的积极性和主动性，影响着教学效率和质量，关系到教学目标能否实现、教学任务能否完成。所以会计教学模式应根据课程特点、教学内容特点来构建和选择，主要可从以下几方面入手。

（1）构建以培养能力为重心的教学体系

教师在教学过程中将传授知识、培养能力和提高素质有机结合起来，构建以培养能力为重心的教学体系，体现多层次、个性化的培养特征。教师应构建以提高基础理论和基础知识为目标的理论教学体系，以提高基本技能与专业技能为目标的实战教学体系，以提高综合能力和拓展专业外延为目标的素质拓展体系，构成人才培养的总体框架。

（2）改变现有教学方法，提高专业能力

会计传统的教学方法是黑板授课。在以往的教学中，这种教学方式起到了重要作用，但是随着信息时代的到来，世界各国都在进行教育改革，如利用多媒体网络教育系统、远程教育联动学习系统进行教学。我国也已经大面积进行计算机辅助教学，所以从事会计教学的教师应抓住机遇，尽快建立适应信息社会需求的、全新的、高效率的教学方式和教学手段，在教学中加强实验操作，利用财务软件进行教学，设置课题讨论、课堂交流，对不同学科可选择某一重要环节进行操作练习，并进行综合模拟操作练习，增强学生的感性认知，提高学生专业水平。

（3）改变教学内容，增强品质能力

根据“就业导向”原则，职业工作岗位用什么就教什么，职业工作岗位需要什么就训练什么。教师在设计会计职业工作岗位知识、技术和能力训练单元、模块时，应根据会计职业岗位分工来研究、确定各自要知、要会和要做的知识、技术和能力模块。一个职业工作岗位对应一个模块组合，每个模块又包括若干个技能单元，每个单元就是会计岗位技能训练的基本单位。会计职业工作岗位的所有模块构成了会计本科实践教学的内容。

（4）改革教学管理模式

新的会计教育模式强化了教学的灵活性，增加了教学活动的复杂性，与此同时，教学管理工作要根据新模式下教学活动的特点进行改革，为新教育模式的推行保驾护航，同时起到监督作用。

（5）实行学分制教育

学分制是指高校相对于学年制实行的教育制度。高校实行学分制可以充分调动学生的积极性，有利于多样化、个性化的人才培养，而且与“大众化”教育的要求相适应，同时可以较大限度地实现个性化教学，激发学生的潜能。学分制可以最大限度地解决学习任务和学习能力之间的矛盾；学分制可以最大限度地培育学生的道德、能力和创造力；学分制有充分的空间让每个学生深入细致地掌握、领会知识，将知识理解透彻。

（6）构建教学质量监控体系

为了规范教学秩序和监控教学质量，学校应构建培养应用型会计专业人才的全员性、全方位、全过程的质量监控体系。教学质量监控体系是“全员性”的，即监控的主体是以学校主要领导为第一责任人的全校所有部门和全体成员参加的群体；质量监控体系应是“全方位”的，即监控的对象既包括教学过程，还包括生源、师资、设备等教学要素；质量监控体系应是“全过程”的，即监控的运行是全过程的，学校不但要在教学基本过程中实施监控，而且要在市场需求调研、专业结构优化、人才培养方案制订、考核评价、学生就业、用人单位反馈等方面实施监控。这种全员性、全方位、全过程的监控，才能有效地提高学校人才培养质量。

2. 教师选择模式

教学模式、考核评价模式确定后，教师就是教学成败的关键和决定因素。所有教学过程的实施、教学效果的考核都由教师执行，而不同的教学模式要求教师具备不同的素质和能力。因此，在教学模式确定的基础上，学校要根据不同教学模式的特点选择教师。教师应该注意在构建应用型会计专业人才培养模式过程中，实现角色的转变。为了实现教育目标，教师要改变传统的、单向性的教学模式，寻求一套以学生为中心，以能力的培养为基本点，在传授知识的同时培养学生的运用能力的教学模式，实现由教学中的说教者、课堂的控制者向教学中的示范者、学习中的组织者的转变。

3. 考核评价选择模式

目前，我国绝大多数高校采用德智体量化综合测评的方式考评学生。这种制度尽管比较直接规范，透明度和公平性都较高。但也存在反面导向问题——学生唯“分”是图。因此，从总体上讲，目前我国的教育评价制度与素质教育尤其是创新教育还不能完全适应。教育评价制度改革的方向是变静态单一、应试式的评价制度为系统、动态、多样化的评价制度。具体有以下几方面。

（1）评价内容的全面性

对学生的评价，不应该仅仅衡量学生所学知识的多少和所学内容熟练度的高低，还应该包含其运用综合知识解决问题的能力。

（2）评价过程的动态性

教学过程中的恰当评价有利于教学双方总结经验、调整方法、提高教学效果，因此对会计专业学生的考核和评价不应该只在期末或某一固定时间进行，而应该不定期、随机地进行，以便准确掌握学生的学习能力。

（3）评价方法的多样性

评价方法包括以考试方式考核学生的掌握程度，以实验方式考核学生知识的运用能力，以案例方式考查学生分析问题、解决问题的能力，以实习的方式了解学生对知识的应用程度和社会实践能力。

（4）评价指标的系统性

评价指标要尽可能覆盖学生的知识、能力、素质等方面，除学习成绩外，还应包括社会工作能力、科研创造能力等方面。

4. 会计专业人才培养目标模式

会计本科教育培养的是适应社会需要的应用型本科会计专业人才，其人才培养目标应体现出“厚基础、宽口径、高素质、强能力”的特点。其内涵应具体体现为“厚基础”，即学生要具备扎实的会计专业基础理论知识；“宽口径”指拓宽学生的知识面，相近学科专业打通培养，增强学生对经济发展和社会需求的适应性；“高素质”则是加强学生人文素质和科学素质教育，提高其文化品位和素养；“强能力”是指训练学生获取知识的能力、综合应用知识的能力及发展创新能力，将学校教育与社会实践相结合，培养学生对社会的认识及适应能力。

在此基础上，应用型会计专业人才的培养目标应定位为以满足社会需求为导向，培养满足市场经济需求的具有开拓精神、创新意识、良好职业道德、相关专业知识并掌握学习技能的高素质、应用型会计专业人才。

二、国际化会计专业人才培养模式

（一）国际化会计专业人才培养模式框架

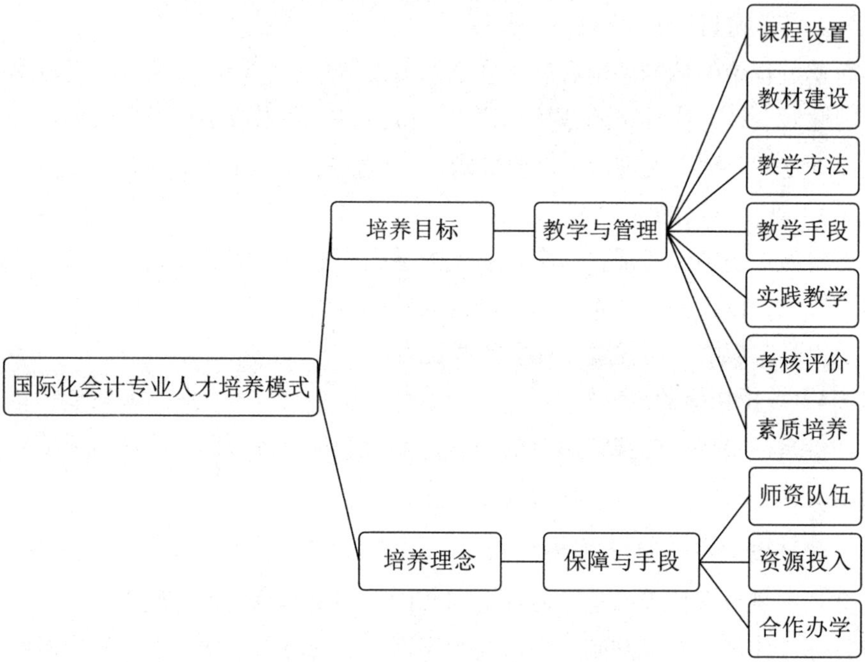

图 7-1　国际化会计专业人才培养模式框架

（二）国际化会计专业人才的内涵分析

随着经济全球化进程的推进，国际金融对经济发展的影响越来越大，会计专业人才不能仅局限于一个国家或地区，而应立足本国实际，超越国家的范畴，具有国际视野，了解其他民族文化，在国际竞争中施展才华，运用自身的知识和能力。国际会计专业人才在经济全球化发展中扮演着越来越重要的角色。

我们不能简单地将有国际留学经历或有国际工作经验的人等同于国际化人才。国际化会计专业人才是一种素质的体现，具体包括：一是具有良好的语言沟通能力，能够进行双向交流；二是能够认同不同的价值理念，适应各地的风俗习惯；三是具有宽广的国际视野和强烈的创新意识；四是具有复合的知识能力和素质。

（三）国际化应用型会计专业人才培养模式的构建

1. 完善课程设置

教育部提出“宽口径，厚基础，高素质”的现代教育理念，会计教育亦是如此。会计教育的课程设置应把培养学生专业知识结构和职业能力作为基本目标，将对学生素质和能力的培养有效融入课程体系之中。

我们要根据社会需要和学科发展规律，对课程体系进行调整和改进，使之适应不断发展的时代要求。第一，课程设置应注重会计学科知识的系统性，在完善专业课程体系的同时精简专业课，合理确定各门课程的内容，避免课程之间内容的重复；第二，课程设置要重视学科的综合性和知识的完整性，不应局限于会计学科体系，在夯实学生数学、外语、计算机等知识的基础上也要注重学生经济学、统计和法律等知识的学习；第三，课程设置应与社会需求紧密结合，避免学生掌握的理论知识和社会实践需要脱节；第四，课程中增加国际化的内容能培养学生在国际化和多元文化的社会工作环境中的生存能力。

2. 加强教材建设

加强教材建设是国际化会计专业人才培养的重中之重，根据目前我国专业教材的实际情况，社会各方都应采取相应措施，清理教材市场，从源头上加以控制。首先，部分课程使用英文原版教材授课，能保持较快的内容更新速度，从而使教师与学生迅速把握国外会计学科最新的发展动态，改进原有教材体系和相关内容，尽快实现教材的国际化，为学生更广泛地阅读英文资料打下基础，使学生适应国际化竞争的需要；其次，加强教材市场监管，国家应规范教材市场，建立严格的审批制度，出版社严格把关，建立严格的准入制度，打造我国会计专业精品教材，推动教材的国际化发展；再次，教师应编写“国际化”的教材，在引进国外先进教材的同时，积极建设有自己特色的国际化教材体系，博采众长，努力钻研，力争将多年教学经验和科研成果汇集成册。

3. 创新教学方法

目前，我国人才培养基本上还在沿用传统的灌输式教学方法，忽视学生的个性发展，不能做到因材施教。我们应该按照国际化人才培养的特点和规律，寻求科学合理的教学途径和方法。在教学方法中，教师应该强化案例教学法，推行问题导向型教学法，引入自学与讨论联动式教学法，以学生为中心，以提高学生自主学习能力为目的，确定学生在学习活动中的主体地位，加强教师与学生的相互沟通，保证多样化的教学方法发挥作用，使会计专业人才培养与会计发展国际化的进程相一致。

4. 改进教学手段

为提高教学质量，教学手段应实现从传统教育向现代化教育的转化，积极推广多媒体教学和远程教育，使学生从感性和理性两方面认识会计理论和会计实务工作，提高学生的会计实践能力和专业操作能力。在教学过程中，教师应引进国外先进的、适合中国学生特点的教学方法，在坚持原有的双语授课、案例教学和模型模拟教学的同时，探索各种途径进行教学实验和改革，提高教学质量，增强学生的竞争力。教师应运用多媒体辅助教学和其他辅助教学手段，将演示教学、模拟实践教学、互动教学等与传统的课堂教授方式结合起来，实现教学内容的及时更新，同时发展现代远程教育，实现国家教育资源乃至国外教育资源的共享，进一步提高教学质量。

5. 更新人才培养理念

人才培养理念在根本上解决了按照何种思想培养人的问题，是对人才培养模式的科学认识，对人才培养具有先导性的作用。发达国家更加注重对学生能力、个性和素养的培育，重点突出创新精神，强调使学生满足社会的需要。让学生掌握终身受益的原理性知识和处理问题的能力，这一“终身学习”的培养理念在国外最受推崇。英国和美国是这种理念贯彻最为彻底的国家，英国很早就把“终身学习”作为人才培养的基本理念，而美国会计学会下设的会计教育改进委员会在 1990 年明确指出：“会计教育的目的不在于使学生在毕业时成为一个专业人员，而在于使他们具备成为一个专业人员的学习能力和创新能力，使其终身学习”。在现代教育中，我国国际化会计专业人才的培养也应按照“终身学习”的原则进行。“终身学习”理念认为，为了使人才能够适应迅速变化且日趋复杂的社会环境，人才培养应注重对学习方法和创新能力的培养，强调在接受教育期间掌握工具性知识和继续学习的能力，打破“一次教育，终生受用”的传统思想，为职业发展奠定基础。

6. 明确人才培养目标

人才培养目标解决了培养什么样的人才的问题，只有明确人才培养目标，才能决定所培养的人才应具备的素质与能力。会计专业人才培养目标要与会计所处的社会环境、经济因素及会计本身的技术手段相适应。根据我国经济和社会的发展状况，我国国际化会计专业人才的培养目标定位于培养具有较强的国际适应能力和广博的专业知识、社会知识的高素质复合型会计专业人才。

7. 推进实践教学发展

会计是一门集理论性、技术性于一体的应用型学科。在会计专业人才培养过程中，教师不但要传授学生基本理论知识，还要使学生掌握会计的各项专业技能，只有两者结合，才能学以致用。国际化会计专业人才培养旨在培养高素质的复合型会计专业人才，这已成为会计教育界的共识。会计改革呼吁培养适应实际需要的会计专业人才，会计教育担负着为国家输送高素质会计专业人才的重担。因此，教师重视会计教学中的实验教学环节，加强学生实践能力的培养，就显得格外重要。

完善会计实践教学内容，不仅关系整个会计行业未来的发展，还对我国国际竞争力的提升有所帮助。高等教育应如何应对会计教育趋势的挑战是值得我们深入探讨的问题。学校应加强会计实践教学与相关课程之间的衔接，完善校内手工模拟实践环境，加强校企合作，开展校外实习，加强会计实践教学的教师队伍建设。总之，实践教学是实现会计专业人才培养目标的重要步骤，实践教学的效果如何决定了会计教学工作的成功与否，也决定了会计教学质量的优劣。

8. 加强教师队伍建设

教师是高校最重要的教育资源，教育国际化的关键因素是师资队伍的国际化，因此建设一支结构合理、业务精良、具有创新思维和能力的师资队伍，是实现会计教育国际化、提升教学质量水平的关键。完善教师队伍建设可从以下方面着手：明确师资队伍建设指导思想，努力建设一支与办学定位和目标相适应、结构优化、具有创新能力的师资队伍；提高教师队伍理论水平，进行国际化交流的活动；鼓励教师进行创新活动，加强与国内外各高校、会计学术界的交流，拓宽教师视野，掌握专业发展的最新动态；注重教师实践能力培养，加强校企合作，同时将有实际操作经验的企业会计从业人员聘为客座教师。此外，学校还要努力建立“双师型”教师队伍。

9. 提高会计职业素质培养

（1）会计职业道德培养

职业道德教育是会计教育的首要问题，教师在传授学生会计专业知识的同时，也要教会学生如何做一个合格的从业人员。加强会计人才的职业道德素质，是会计事业发展的必然要求，也是重塑会计形象的必要路径。

（2）提高学生创新能力

创新是当今世界不可逆转的潮流，教育应该以培养具有创新能力的人才为目标，会计教育要从传授知识转变为培养学生独立的分析能力、创造能力和学习能力，使学生不断充实自己，提高学生对知识的适应能力。创新型会计专业人才的培养应根据“因材施教”的原则，发现和选拔具有创新素质的学生，为其提供优越的条件以促进其成长。会计教师应充分认识到在会计教育活动中学生是主体，教师是主导者。教师在教育过程中应积极引导学生主动学习、积极思考，充分调动学生的积极性、主动性和创造性，提升学生能力，尽快扭转传统教育中学生被动接受知识的现状。高校教师创新能力的培养可以为培养创新型人才提供坚实基础。

（3）提高会计专业人才国际竞争力

为了提高会计专业人才的国际竞争力，国家应实施人才国际化战略，在积极参与人才国际化竞争的同时，实施“引进来、走出去”的人才国际化竞争战略，广纳贤才，开展人才国际交流与合作，培养从事国际业务的国际化会计专业人才。提高人才竞争力是人才战略的核心目标和人才工作的核心内容，人才培养国际化是全球经济一体化的必然结果，现代经济是以知识为基础的经济，全球经济一体化是不可逆转的时代趋势。

10. 积极参与国际合作办学

经济全球化导致国际间的经济合作日益紧密，国际化会计专业人才的竞争也愈演愈烈。为了满足培养国际化复合型会计专业人才的需要，高校应该积极参与国际合作办学，以培养更多具有国际文化背景、精通中外财务知识和相关知识、精通国际会计惯例并能适应全球化经济发展要求的新型国际化会计专业人才。开展国际合作办学，引入高素质人才和先进的教育机制，借鉴国际上通用的办学模式、专业课程设置、师资培训、质量保证等方面的经验，是尽快提高我国会计高等教育水平和质量、增强国际竞争力的有效途径。国际化会计专业人才培养的根本目的是培养有知识、有能力、高素质的会计专业人才，面对复杂多变的国际社会经济环境，我们要贯彻国际化教育原则，培养学生适应国际化发展的能力，从而全面提高学生的综合素质，从容应对会计国际化带来的挑战。

三、独立学院会计专业人才培养模式

（一）我国独立学院会计专业人才培养主要内容

1. 我国独立学院会计专业人才培养的现状

目前，我国独立学院会计专业人才培养方面存在的问题较多，在一定程度上制约了独立学院会计办学规模的扩大，阻碍了独立学院会计专业人才的发展，具体表现在以下几个方面。

（1）缺乏针对性的会计专业人才培养计划

学校要根据办学定位、社会人才需求、服务定位、生源特征以及学校办学条件，确立合理的人才培养计划。但是，目前各独立学院的会计专业人才培养计划，大多沿用公办高校本科教育的会计专业人才培养计划，自身缺乏独特的、专用的会计专业人才培养计划。

（2）目标与社会需求不一致

独立学院在会计专业人才培养目标方面定位过高，只注重教会学生理论知识，忽视了教会学生如何应用这些知识。其结果是独立学院会计专业毕业生未能达到社会的要求，最明显和直接的体现就是会计专业毕业生就业困难，用人单位抱怨独立学院会计毕业生理论知识不扎实、动手能力差，必须经过一段时间的历练才能委以重任。在会计专业的教学上，教师习惯采用以应试教育方式为主的传统教学模式，实践环节往往只流于形式，重“量”不重“质”，培养出来的学生无法满足社会的需求。

（3）学科结构单一，会计专业人才知识面狭窄

独立学院在会计专业人才知识结构的设计上基本沿袭传统的“基础会计—中级财务会计—高级财务会计”框架，侧重于会计专业知识的介绍，人才培养过于程式化，缺乏对现代会计工作所需的基础知识与理论知识的介绍，如管理、金融、证券与投资等方面的知识。

（4）会计职业道德教育重视不足

目前，在独立学院会计专业教育中，会计职业道德教育属于薄弱环节，没有专门的课程体系和实践教学，职业道德教育缺乏针对性和专业性，导致学生对相关法律法规缺乏了解，社会责任感不强。

（5）教学内容的课程间相互连接不够

从教学内容上看，独立学院所采用的会计专业教材版本太多，某些教材内容重复，如“财务管理”“管理会计”和“财务报表分析”等方面存在内容交

叉的现象，教材的内容重复造成教师在教学中要么依据教材内容重复讲授，要么以为其他课程会涉及此项内容而不讲授，从而造成某些教学内容的重复或遗漏，导致教学效率不高。

（6）在教材建设方面进展不大

绝大部分独立学院所使用的教材大多沿用一本、二本所用教材，这些教材并不很适合独立学院学生的培养需要，缺乏适用性。

（7）教学方法或手段过于陈旧

独立学院会计教学仍然采用板书为主的教学方法，主要还是沿用教师教、学生学、老师写、学生记、重理论、轻实践、整天围绕课堂转的传统教学方法，培养出来的会计学生只会死记硬背、照本宣科。其结果是束缚了学生的思维，不利于激发学生的发散性思维，严重影响会计专业人才的培养。

（8）实践环节薄弱

会计专业是理论性、应用性、实践性很强的学科，因此，实践教学也就成为学生实践能力提高的关键。在校内实践方面，会计实验室设备不全、实训内容单一、利用率较低，甚至有些独立学院根本没有会计实验室。在校外实践方面，会计专业学生大批量地到某一个校外实训基地进行实习是非常困难的，没有形成成熟的校企联合模式，使学生很难接触企业会计工作的全部流程。

（9）师资队伍力量不足、素质不高

很多独立学院都开设了会计教育专业，但是师资力量薄弱。为了壮大师资队伍，独立学院在引进教师时的要求并不是很高，但是依然很紧缺。不仅如此，有些教师是刚刚走出校园的毕业生，又进入校园教学，教师本身就没有实践经验，所以在教学的过程中不能很好地与实践结合。他们虽然具有一定的会计理论知识，但会计实践能力相对匮乏。

以上这些是独立学院目前存在的问题。这些问题导致独立学院培养出来的会计专业人才缺乏特色，高分低能，无应用性和创造性。

2. 我国独立学院会计专业人才培养模式构建的动因

目前，我国独立学院会计专业人才培养面临着诸多影响因素。

（1）知识经济的发展对会计专业人才培养提出了新的要求

知识经济是与农业经济、工业经济相对应的一种经济形态，是建立在知识与信息的生产、分配和使用上的经济。其最重要的特征是将知识转化为资本，成为经济发展的主要推动力。知识经济的到来，为各行各业带来了很大的变化，同时也给会计行业带来了巨大的冲击。

①知识经济时代要培养应用型会计专业人才是资本市场支配者和企业生命主导者的新型理念。随着经济体制的变迁，改革开放的深化，会计的职能和作用在潜移默化地改变。只能核算、反映、监督经济业务运行的全过程并反映经营成果的会计工作已不再适应知识经济条件下社会主义市场经济发展的需求。知识经济要求应用型会计专业人才转变工作理念，树立全局观念，扩展企业理财思路，从微观的、具体的会计核算工作中解脱出来，投入宏观的、全面的企业管理工作中，支配资金运作，增强企业活力，成为企业利润的创造者，资本市场的支配者。

②知识经济时代计算机的广泛应用和现代信息技术的形成要求应用型会计专业人才熟练掌握会计电算化，具备运用会计网络传递会计信息的能力。会计电算化使会计由手工记账的“原始社会”进入计算机会计处理的“文明时代”。会计电算化实现了会计信息的瞬间无误处理，摆脱了烦琐的手工记账程序，提高了会计数据处理速度，保证了会计信息质量，突破了人工计算对计算复杂问题的限制，使原来为追求简便而简单化了的计算得到完善，使之能更准确地模拟和反映企业的经济运行过程。利用会计网络化实现会计信息共享是会计工作在知识经济时代的重要内容之一。会计网络化工作使全世界的投资者通过网络了解一个企业的财务状况和经营业绩，可以使企业将财务信息传递到世界各地。

③知识经济条件下计算机和网络的普及大大减少了会计核算的工作量，使会计工作的重心由核算转变为对会计信息的分析和财务管理，实现会计工作由核算型向管理型的转变。核算型会计转变为管理型会计，就是将会计工作的重心由传统的对会计信息的加工转变为对会计信息的分析、运用。在一个完善的资本市场中，会计的功能不仅仅是反映经营的成果，更多的是参与企业管理。美国大企业中只有 29% 的会计从业人员从事会计报表工作，71% 的会计从业人员从事资本运作、财务管理和预算管理等管理工作，而且美国约有 70% 的公司总裁是财经方面的专家。知识经济时代是经济飞速发展的时代，是知识创造利润的时代，会计从业人员应运用客观、真实的会计信息进行财务分析、财务预测、财务决策，并将其运用于企业管理，不同层次的应用型会计专业人才应为企业创造不同的利润。

（2）经济体制改革改变了资源配置的市场环境

社会经济发展越来越呈现全球一体化的趋势。随着社会经济全球一体化进程的不断加速，世界各国的竞争日趋激烈。这种竞争也逐渐从传统的以资源、物质生产为中心的竞争转变为以知识、智力为主的竞争，表现为以人力资源为核心的综合国力的竞争。

①应用型会计专业人才培养目标的确立应充分考虑市场对人力资源需求的现状。“科学技术就是生产力”。在知识经济时代，社会经济发展的直接动力就是人，人是科学技术的创造者，是最先进生产力的代表者。应用型会计专业人才，是经济信息的主要提供者，是实施会计教育行为的结晶。我们研究市场对人力资源的需求现状，首先可以使社会得到所需的应用型会计专业人才；其次，可使学校实施的教育实现社会效益最大化。任何一种行为，只要能使社会效益最大化，即使没有眼前的经济效益，也会实现一种良性循环，最终实现经济效益和社会效益的最大化。

人力资源是相对于土地资源和水资源等物质资源的一个概念，属于无形资产的范畴，人力资源的价值是不可估计的，能创造出巨大的财富。

②经济体制改革使应用型会计专业人才的培养目标成为学校和用人部门共同确定和研究的问题。高校会计专业人才培养目标的确定要着眼于如何将培养的人才推向社会。将人才推向社会的方法很多，但最基本的方法是满足社会用人单位和部门对人才的需求，把学校的培养行为转变为学校和用人单位的共同行为。例如，将由学校招生实施教育，再把学生推向社会的行为转变为企业定人才类型、规格、数量，委托学校招生和教育的“定单式”教育行为。

应用型会计专业人才后续教育培养目标的确立要着眼于如何提高学生的理论水平、实践能力，如何开拓学生的专业思路。经济体制改革和我国社会主义市场经济活动的发展使终身教育成为必然，后续教育是终身教育的重要组成部分，终身教育有被动接受和主动接受两种类型。

③只有完全摒弃仅依靠学校的力量培养应用型会计专业人才的思路，才能真正找到培养适应经济体制改革需求的应用型会计专业人才的途径。学校依托企业办学或干脆转变为企业办学校，成为应用型会计专业人才培养的主思路，应用型会计专业人才作为经济活动、经济信息提供的主体，其培养行为的市场依赖性将会更强。例如，现有经济发展条件所需的“收银员”与计算机技术普及前需要的“收银员”在知识结构、理论水平、操作能力方面有许多不同之处。社会经济发展改变了市场的“游戏规则”，改变了市场对人才素质的要求，改变了应用型会计专业人才的培养目标。

（二）独立学院应用型会计专业人才培养模式实施要点

1. 强化实践环节

应用型会计专业人才最本质的特征就是专业素质高、动手操作能力强、通用适应性强。实践育人符合素质教育客观规律，有利于弥补教师在理论教学中对学生个性发展的忽视。学生可根据自身兴趣爱好及未来志向，有针对性地选择实践内容。教师通过实践环节可加深学生对理论知识的理解，提升学生知识应用能力，拓展学生职业适应能力。这是大学生个性化、社会化发展的必要途径。具体包括以下几方面。

①学校应加大实验教学设施投入，保障基础实验室配备足够的教学仪器设备，能满足基础实验教学的需要。

②教师应引导学生从生产第一线工作中发现问题、寻找课题，以培养学生分析、解决实际生产问题的能力，把培养高层次、高质量应用型会计专业人才的工作落到实处。

③教师应鼓励学生考取相关职业（技能）资格证书。

④学校应积极与企事业单位建立密切联系，签订实习协议，使合作单位为学生提供实习实训基地。无论从培养与会计岗位“零距离”的人才要求来看，还是从增强教师实践知识以及案例的取材、制作和更新来看，开展校企协作，建立校外实习基地是行之有效的人才培养方法。学校应通过建立校外实习基地，使学生身临其境，将所学知识与工作实际结合起来，为毕业后迅速适应工作岗位打下坚实基础。当然，建立校外实习基地是一项任重而道远的工作，需要我们在实践中不断总结和完善。

2. 树立正确培养目标

我们应以市场需求为基础，以提高会计专业毕业生的核心竞争力为导向，以专业应用能力和基本素质培养为主线，通过学历教育与资格教育相结合、理论教育与实践教育相结合的方式构建高素质应用型会计专业人才培养模式，如表 7-1 所示。

表 7-1　应用型会计专业人才培养模式

应用型会计专业人才培养模式	
一个向导	提高毕业生的核心竞争力
两个结合	学历教育与资格教育结合
	理论教育与实践教育结合
四种能力	财务会计核算能力
	成本管理会计核算能力
	财务管理与财务分析能力
	纳税申报与审计能力

（1）将学历教育与会计职业资格教育相结合，构建复合型理论教学体系

随着就业压力的增大，职业资格考试热潮已经波及大学校园。某权威网站的调查显示，CPA、ACCA 被列为最受大学生青睐的证书之一。这对高校教育是一次前所未有的冲击和挑战。高校对此不能无动于衷，将会计职业资格教育融入会计学历教育中，不仅不会淡化应用型会计专业人才的培养，还可以优化应用型会计专业人才的培养模式，进而培养更多的、更优秀的高素质应用型会计专业人才。现在国内的会计职业资格分为两类：会计专业技术资格和注册会计师资格。与此同时，为给会计专业学生的就业创造条件，近年来各地相继出台允许在校大学生参加注册会计师统一考试的政策。

由此可见，学生之所以热衷于考取各种会计资格证书，实际上是因为就业的压力。就独立学院而言，如果能把会计职业资格教育融入会计学历教育中，不但可以丰富教学内容，还能为学生参加相应的会计职业资格考试提供便利，使学生毕业时就拥有相应的职业资格证书，提高学生就业的竞争力。

目前，根据国内会计职业资格考试政策规定和学生的自身条件，能够在校参加的会计职业资格考试时间大致如表 7-2 所示。

表 7-2　会计资格证书报名与考试时间

资格类型	考试课程	报名时间	考试时间
助理会计师	《初级会计实务》《经济法基础》	每年 10 月份左右	次年 5 月份
注册会计师	《会计》《财务成本管理》《审计》《经济法》《税法》《公司战略与风险管理等》等	每年 4 月份左右	次年 9 月份

（2）将理论教学与实践教学相结合，构建系统性的实践教学体系

会计专业的学生不仅要有扎实的理论基础和专业知识，还要有较强的实践能力，使学生毕业后能以最快的速度和最短的时间适应工作的需要。学生实践能力的培养是一个系统工程，学校要提高学生的综合素质，培养具有创造性思维能力，能独立从事会计工作的高素质应用型会计专业人才，就要将各专业课程的理论与实践有机结合起来，形成一个有机的整体，对会计专业实践教学环节进行系统性的合理设计，并付诸实践。

3. 科学制订人才培养计划

课程体系是专业目标分解后的具体体现，是实施人才培养的主要载体，必须借助一定的教学活动才能够转化为学生的知识和能力。教学科目的排列组合

要有一定的结构，该结构既要符合知识系统的科学性，又要符合学生的认识规律。课程体系是实现培养目标、提高人才培养质量的关键，课程体系是否科学、合理，对高校高质量实现人才培养目标有着决定性意义。正因如此，优化课程体系是人才培养模式改革的重点和难点。为了适应人才培养的多样性要求，根据市场对人才需求的变化做出快速准确的反应，独立学院应把课程体系分为普通教育课程、专业核心课程、专业方向课程三大模块。独立学院应突破传统会计专业的狭窄领域，以广阔的学术视野适应社会多样化、复杂化的发展趋势。教师应在教学中增加应用性内容和实践性环节，强化学生的实践和岗位适应能力，同时加强教材建设，要编写、使用符合独立学院定位、培养目标的系列教材。

4. 改进教学和评价方法

以我们的课堂教学感受和经验而言，独立学院会计专业的学生，对长篇大论的说教式课堂教学不感兴趣，甚至可以用讨厌来形容。这跟他们的特点有很大关系：思维活跃，具有较强的活动能力和社交能力，有表达自己观点和诉求的强烈愿望。因此，改进教学和评价方法应考虑以下几个方面。

（1）改进教学方式

教师应推行案例教学，提高学生分析问题与解决问题的能力。案例教学是理论联系实际的一种最好的教学方式，能使教师的教学更加贴近实际。通过对实际案例的讨论与分析，教师可以使学生将书本上的知识运用到案例当中，提高学生分析问题和解决问题的能力。这样不仅可以激发学生的学习兴趣，还可以提高学生对知识的综合运用能力，也有利于提高学生的语言表达能力。这对于培养高素质应用型会计专业人才来说是不可缺少的。因此，我们必须投入一定的人力和财力，组织教师编写适合自己教学需要的会计、审计和财务管理等课程的案例教材。

（2）紧密结合人才培养目标，系统规划各门课程的考试制度

传统会计考试大多是考查学生对知识的记忆情况，而不是运用知识的能力。这不利于考察和训练学生的发散思维和创新思维，既不符合信息时代的要求，也不符合素质教育的要求。

高素质应用型会计专业人才培养模式的考试命题应根据课程所涉及的知识、能力、素质的要求，对学生的知识、能力、素质进行分析、细化，然后确定课程效果的评价方法和考核大纲。考试内容应反映学生基础理论和基本技能的掌握情况以及分析与解决问题的综合运用能力，而不是课堂教学内容的简单

重复；教师应多给学生提供探索的机会，鼓励学生独立思考、标新立异，有意识地培养学生的创新意识和创新能力，使考试真正全面测试评价学生的知识、能力、素质。

（3）完善教学评估体系，进行科学管理

独立学院是新生事物，没有成型、成功的东西可以借鉴，在独立学院中使用不完善的评估体系会挫伤教师的积极性，而且所造成的影响在短期内不容易消除。其中典型的就是学生评教，在重点高校中，学生总体素质较高，在给任课教师打分过程中，理性是占上风的，因此评价结果是较为客观公正的。而在独立学院，由于学生素质的不同，在给教师打分的过程中，部分学生可能把个人好恶放在第一位，如果所有学生评分都起作用的话，评价的结果就难以预料，可能会影响教师的积极性。

5. 建设与办学特色相适应的师资队伍

（1）利用母体高校的人才资源

独立学院之所以在短期内得以兴办并发展壮大，是因为在师资队伍建设方面依托母体高校得天独厚的师资条件，分享了母体高校的良好师资声誉。独立学院要充分利用这一优势，合理调配和有效利用母体高校的教学资源、人才资源，有计划地聘请母体高校的教师兼任独立学院的教学工作，解决独立学院师资队伍建设的需求及提高学术水平的需要。

（2）聘请离退休教师

离退休教师中的大多数既有健康的身体，又有丰富的教学、科研经验，完全有能力和精力继续工作一段时间，在自由度方面也有一定的优势。刚刚起步的独立学院可以充分挖掘和发挥他们的潜力，这样不仅能够解决师资紧缺的问题，还能够利用老教授的威望和影响，扩大学院的知名度，建立一支兼职教师队伍。同时，独立学院通过对年轻教师在教学、科研上的培养和监督，加快优化教师队伍的整体构成。

四、工学结合的高职会计专业人才培养模式

（一）工学结合的高职人才培养模式在各国的应用

1. 工学结合高职人才培养模式在发达国家的应用

（1）发达国家的工学结合人才培养模式

①德国的双元制。双元制是一种学校与企业分工合作，理论与实践紧密结合，以实践为主的职业技术教育模式。它形成于 19 世纪中后期，工业的迅速

发展及其对新兴专业工人需求的快速增加，使职业教育也随之发展，校企合作的范围和内容都迅速扩大。德国政府把青少年的进修学校教育定为义务教育，并决定让企业参与职业培训，承担培训主要责任。与此同时，德国政府又用职业学校教育补充企业实训的不足，两者相互合作，相互补充，形成了职业教育的双元制。这种模式重视学生的实践培训，注重实用性。

双元制的内涵主要表现在以下几点。

第一，职业培训是在两个完全不同的机构——企业和职业学校中进行的，并以企业培训为主。

第二，企业的职业培训由行会负责监督与管理，受《职业教育法》的约束；职业学校的组织、管理则由各州负责，其法律基础是各州的《学校法》或《职业义务教育法》。

第三，受教育者兼有双重身份。一方面受教育者根据与企业签订的培训合同在企业里接受培训，是企业的学徒；另一方面，根据《学校法》，受教育者在职业学校里接受理论课教育，是学校的学生。

第四，教学文件由两部分组成。企业严格按照联邦政府颁布的培训规章及培训大纲，对受教育者进行实践技能的培训；职业学校则遵循州文教部制订的教学计划、大纲，对受教育者进行文化及理论知识的传授。

第五，培训者由两部分人员担任。在企业里对受教育者实施实践技能培训的培训者称为培训师傅，在职业学校里教授普通文化课和专业理论课的培训者称为职校教师。

第六，职业教育经费来源于两个渠道。企业以及跨企业的培训费用大部分由企业负担，职业学校的费用则由国家及州政府负担。

双元制模式的特点如下：

一是教育同生产紧密结合。接受双元制职业教育的学生大部分时间在企业进行实践操作技能培训，培训在很大程度上是以生产性劳动的方式进行的。

二是企业的广泛参与。大企业多数拥有自己的培训基地和人员。没有能力单独按照培训章程为学生提供全面和多样化的职业培训的中小企业，也能通过跨企业的培训、学校工厂的补充训练、委托其他企业代为培训等方法参与职业教育。

三是互通式的各类教育形式。德国各类教育形式之间的随时分流是一个显著特点。在基础教育结束后的每一个阶段，学生都可以从普通学校转入职业学校。接受了双元制职业培训的学生，也可以在经过一定时间的文化课补习后进入高校学习。

四是培训与考核相分离的考核办法。这种考核办法，体现了公平的原则，使岗位证书更具权威性。双元制模式的实施必须具备三个基础条件：一是有完善的职业教育体系，从初级到高级职业教育层次完备，并建立沟通渠道，与普通教育相互流通，以保证学生的发展；二是有完善的法律体系来保证职业教育的管理和运行；三是有完善的职业教育教学质量标准体系来保证职业教育的人才培养质量。从我国的实际情况看，完全照搬德国的双元制模式是不现实的，我们需要在实践中进行探索。

②英国的工读交替合作教育模式。这种模式强调以学生为中心，注重培养学生的通用能力和专业能力，强调培养学生解决问题的能力、数字运用能力、科技运用能力、设计与创新能力等。这种模式认为教育的真正价值在于开发学生对客观事物的理解力、判断力和独创精神，心智的发展在于知识的获取。这种模式注重发展学生的理性精神，鼓励学生独立思考，反对学生把课本知识看作是无须证明就理所当然接受的教条。这种模式要求课程专家按照职业资格标准，把企业需要的知识、能力组织成若干课程目标，编写出教学大纲。教学内容由每门课程的教学大纲规定，而不是由教材规定。

③美国“渗透型”人才培养模式。这种模式是从职业岗位的需要出发，确定能力目标（或岗位职责）。通过有企业代表性的课程开发委员会，制定能力分解表（课程开发表），并以这些能力为目标设置课程，组织教学内容，最后考核学生是否达到这些能力要求。教师在教学过程中应首先重视学，而不是重视教。教学环节最重要的是强调学生接受指导的方式、方法和教师指导的质量、效果。学校根据所需专业要求与有关企业取得联系，双方签订合同，企业提供劳动岗位和报酬，并派遣专人帮助学生适应企业工作，协助学校教师进行成绩评定，学校同时也要派遣教师到企业指导、监督学生工作，及时与企业沟通。

（2）发达国家高职人才培养模式对我国的借鉴意义

国外的高职教育很早就开始发展，有较成功的先进经验。虽然我国与国外高职人才培养模式不同，但也是围绕就业和实践能力的培养而兴起和发展的，对外国人才培养模式的特点进行总结，有助于我国高职会计专业人才培养模式的构建。

①以社会需求为宗旨，推动职业教育的发展。20 世纪 60 年代—20 世纪 70 年代是发达国家高职教育蓬勃发展的时期。在新技术革命的推动下，在企业现代管理制度激励下，尤其是制造业向技术密集型产业的转变，生产一线急需大批较高水平的技能型、技术型实用人才及管理人才。企业对应用型人才的迫切需求，形成了高职教育的发展大势，一批重视实践教学、突出岗位能力培养的

职业教育性质的院校，纷纷成立。

当前，我国现代化建设进程中缺乏高级技能型人才，部分大中城市高级技工短缺，蓝领身价飞涨。社会对高职人才的大量需求表明我国的高职教育有很大的发展空间。

②以产学合作为机制，建立人才培养模式。无论是德国的“双元制”教育、美国的“渗透型”教育还是英国的“工读交替型”教育，都是以学校和企业（行业）共同培养机制为基础形成的各具特色的产学结合人才培养模式。

如“双元制”是以企业和实践为主，为学生开设本企业所需的专业技能实习课程的培养模式。“渗透型”教育以学校计划组织为主，教师根据学生的专业和兴趣寻找适合的企业雇主，根据企业的需要和企业提供的生产实践培训场所、报酬签订合同，确定学生的职责、时间和报酬等，开展与企业的合作。“工读交替型”教育是学生先做企业员工，后进校学习，以企业为基础的技能培养形式。日本则是企业直接办“工学院”培养企业需要的高技能型人才。此外，美国的社区学院也通常采取与企业合作办学的培养形式，建立产学合作机制。而工学结合人才培养模式在我国高职教育中的应用不是很广泛，还没有形成一套完善的保障机制。这是我们需要解决的问题。

③以实践教学和职业能力为重点，设计培养方式。在外国高职教育中，实践教学占有较大比重。外国高职教育的课程设置紧紧围绕社会或企业的需要，坚持以职业对技能和知识的实际需求为依据，注重课程的职业功能性，如英国的技术学院普遍开设有工读交替的课程，训练学生的职业技能，学生第一年在校学习课程，第二年带薪实习，第三年回到学校完成学业，进行学习成果考核验收。可以说，发达国家的高职教育人才培养课程，几乎全部的专业课都采取理论课与实践课相结合的方式。在教学方法上，教师坚持“能力为本位”的原则，突出对一线岗位从业人员职业活动能力的培养。如德国高职教育所推崇的培养学生自主学习、理论联系实际能力的教学方法，以及美国、加拿大等国所采用的学生自我学习和评估教学等教学方法，其目的在于通过各类教学活动培养和发展学生的“自学能力”“协同工作能力”“创新能力”。

④以政府立法为保障，推进合作教育的实施。由于职业教育对国民发展具有重要作用，发达国家政府高度重视职业教育的发展，为确保职业院校的高技术人才培养与企业对职业人才的需求相一致，这些国家都以立法形式促进校企合作。发达国家专门颁布法规，明确企业承担实践教学、配备合格的实践训练师等责任。像日本还设有专门组织机构（如产学恳谈会），负责将企业界的人才需求反映给学校，加强产学合作。发达国家政府立法为职业教育创造了良好

的发展环境，职业院校获得了健康快速的发展，有力地推动了发达国家的经济增长。

⑤以社会监控为手段，保证人才培养质量。高职院校培养的人才质量如何监控？发达国家在人才培养结果的评价上一般采取社会参与评价的方式。如德国由企业、学校、工会和行业代表共同制定评价标准，美国由技术评估委员会制定评价标准，加拿大由合作教育协会制定评价标准，澳大利亚和英国由行业协会制定培训计划和标准。

可以说，发达国家内起着行业自律、行业保护作用的专业协会或专业团体承担了职业教育质量评价的主要责任，形成了学校对教学质量负责，企业和社会专业团体提供专业指导和知识更新并参与评价人才培养质量的内外统一、相互促进和约束的机制。在实施过程中，高职院校积极主动邀请企业界资深人士参与专业教育内容的制定和质量控制。这种内外合一的质量监控机制，不仅增强了职业学院与企业的沟通交流，也重构了符合社会需要的专业理论知识与技能基础，保证了产学合作的实效。

2. 工学结合人才培养模式在我国的应用

（1）我国工学结合人才培养模式的历史演变

我国古代的“知行合一”思想可以看作是对工学结合模式的最早诠释。明代哲学家王守仁认为“知是行之始，行是知之成”。知行二者对立统一，相互渗透，且行为知的根本。

① 19 世纪中后期，工学结合思想开始在我国萌芽。当时中国的近代工业开始发展，工商业界开始逐渐学习外国“工学并举”的教育方式，创办新式学堂，派遣留学生出国学习。这是我国教育与工业生产结合的开始。此后，黄炎培、梁启超、蔡元培、陶行知等人，对此进行了积极的探索，先后进行了中华职业学校、农村改进实验区、职业指导所等多种教育尝试，其实质都是主张手脑并用，把教育、生产、生活联系起来。

② 20 世纪 50 年代，“半工半读”教育在天津兴起。新中国建立初期，随着经济建设的快速发和计划经济的逐步完善，为了保证产业工人的数量和质量，1958 年天津国棉一厂创办了全国第一所半工半读学校。一些工厂企业还试办了多种形式的职业学校，既有招收初中毕业生的，也有面向企业在职工人的。总的办学思路是“半工半读”，即一半时间在工厂生产，一半时间在课堂学习。这种教育模式对培养有社会主义觉悟、有文化的劳动者的教育工作产生了重大影响。

③ 21 世纪初，“工学结合”职教模式确立。从 1979 年开始，世界各国正式对产学合作教育的理论和实践进行了有计划、有系统的研究，每年举行一次世界合作教育大会，并于 1989 年成立了世界合作教育协会。我国于 1989 年首次参加了世界合作教育大会，正式开始了对合作教育的研究。

此后，教育部在天津召开职业教育工学结合座谈会，确定了工学结合的职教模式。

（2）我国工学结合人才培养的模式及优缺点

我国引进国外合作教育模式的理论研究，结合我国国情和高职教育的发展实践，确立了我国工学结合人才培养常用的模式，有以下几种。

①“订单式”模式。这是根据企业用人需求，学校与企业签订人才培养协议，共同制订人才培养计划，共同组织教学，学生毕业后直接到企业就业的产学合作教育形式。对企业来说，培养的学生岗位针对性和适应能力强，企业运营成本就会减少。对学校而言，该模式有利于专业建设，从根本上解决了学生的就业问题，最大限度地体现了就业导向优势。但这种模式易造成学生知识结构的单一，影响其进一步深造和发展。

②“2+1”模式。这是学生前两年在校内学习，后一年到企业顶岗实习的产学合作教育形式。它能起到提高学生的综合素质和动手能力、缩短岗位适应期的效果。该模式主要适用于三年制高职院校中的工科专业、管理类专业及文秘、旅游等专业。

③“学工交替”产学合作模式。这是一种学校与企业共同制订人才培养方案，学生在企业实践与在学校学习相互交替，学用结合的教育模式。其显著特点是学生具有“员工”和学生双重身份，企业参与人才培养的全过程，学生能力与岗位要求之间“无缝”对接。但该模式需要企业有较大的生产规模和较高的技术含量，才能保证工学的交替。这种模式一般适用于岗位技能要求较高，学生需要较长时间在企业实践才能胜任岗位工作的“二产”类专业。

④全方位合作教育模式。这是合作教育企业通过注入教育教学资金、共建实验实训基地和合作开展课题研究，物力、财力全方位与学校合作并承担相应教育管理责任的合作教育模式。双方秉承“双赢”的原则和理念，培养“适销”对路的人才。该模式适合以就业为导向培养现代服务业人才的高校。

（二）工学结合高职会计专业人才培养模式的构建

1. 采用工学结合的培养模式

（1）培养模式的基本理念

高职教育须转变办学理念，实现科学发展，关注社会发展的需要。我们要推动职业教育从计划培养向市场驱动转变，从政府直接管理向宏观引导转变，从传统的升学导向向就业导向转变。我们应预测社会发展趋势，依据产业结构及经济调整的需要，对高职会计专业进行研究。在高职会计专业建设改革的过程中，我们应从教学与职业发展规律出发，以较高的“职业判断能力”和熟练的“操作动手能力”为目标，不断赋予“发展能力，工学结合，校企合作，持续发展”的高职教育理念新的内涵，促进职业教育教学与生产实践相结合。

（2）工学结合课程模式的构建

学校应利用校外实训基地，在企业的真实环境下，以真实的岗位标准为要求，依据真实的企业会计业务内容，按企业会计工作的真实流程，由企业的会计师完成实训实习的教学任务，形成具有“校企合作、仿真实训”特点的会计专业人才培养模式。学校应使课程体系构建与企业真实工作任务相融合，将企业引入与仿真实训实习相融合。学校应重点建设核心课程，带动其他课程的建设；学校应按照新会计准则和会计岗位的能力要求，与合作企业联合开发具有工学结合特色的教材；学校应按照会计典型工作任务及工学结合的要求设计课程内容；学校应根据不同的教学内容，分别采用任务驱动、项目导向、案例分析等教学方法；学校应利用校内企业及校外实习基地的资源优势，将每个典型工作任务的理论教学与实践教学有机结合。学校应按企业会计岗位能力标准设置课程，建立职业素质能力培养采用单元课程、岗位基础能力培养采用综合化课程、岗位核心能力培养采用典型工作任务课程的课程体系。

（3）培养模式的整体优化

我们应面向未来，狠抓高职教育教学研究，合理调整专业结构。工学结合的培养模式应面向新兴产业和现代服务业，加大课程体系研究力度，大力推进精品专业、精品课程和教材建设。我们应改革以学校和课堂为中心的传统人才培养模式，关注学生实用技能的培养，合理安排经费，建立综合性的校级实训基地和校外实践教学基地，对设备进行集中管理、监控及维护，使学生熟练掌握设备的操作技能并进行反复训练。我们要让学生了解工厂、企业的真实运作、组织、管理方法，实现校企互惠互利、共同发展。学校全面推进高职教育的信息化发展，在教学中体现现代教育技术的应用，逐步建立有别于普通教育、具有高职教育特点的人才培养、选拔与评价的标准和制度。学校应充分利用区域内优质资源进一步推进合作办学。

2. 合作教育，协调发展及实现途径

合作教育是工学结合会计专业人才培养模式构建的核心，是工学结合会计专业人才培养中的重要特色，是促使学生把理论知识转化为实践能力，提高学生综合素质与创新素质的有效途径。实践创新能力是在大量产业实践中形成的，而合作教育是其实现途径。从职业教育发展的历史经验及实践探索看出，工学合作教育的实施成效是高职会计专业人才培养成功与否的关键。工学合作教育要卓有成效，一定要做好以下工作。

（1）合作教育方式

合作者要明确工学结合的目标、内容、方法及双方责任。双方成立组织机构和领导小组，聘请行业专家、企业领导与学校教师共同组建“专业教学指导委员会”。“专业教学指导委员会”的职责是明确专业人才的培养目标，确定专业教学计划的方案，提供市场人才需求信息，协助学校建立校外实习、实训基地。“专业教学指导委员会”最突出的作用是确定以社会岗位对人才的需求为导向、以学生知识、能力、素质结构为依据的专业人才培养方案，建立校企合作的教学体系。合作教育是一种人才培养模式，有完整的教育体系，应当贯穿于整个人才培养过程的始终。

（2）岗位轮换教学，加强合作意识策略

①角色扮演教学策略。在会计教学过程中，教师应根据学生的特点把学生分成若干组，每组构成一个财务部，分别扮演会计主管、制单员、出纳员、记账员等不同角色，开展审核原始凭证、填写记账凭证、登记会计账簿、编制会计报表等会计核算工作，使学生通过岗位角色的扮演，明确各岗位的职责，了解会计核算的流程，培养学生协同合作能力。例如，由会计主管、制单员、记账员和出纳员所组成的财务部审核原始凭证和编制记账凭证的过程包括：会计主管对原始凭证的合法性、合理性和有效性进行审核后传递给制单员；制单员根据经济业务性质，填制相应记账凭证后传递给会计主管；会计主管对记账凭证进行审核，符合要求后签名交还制单员，反之则退还重填；制单员把审核后的收款、付款凭证传递给出纳员，转账凭证传递给记账员；记账员根据收款、付款凭证登记现金日记账和银行存款日记账，在出纳员处签名后传递给记账员。学生通过扮演财务部的相关角色，共同合作完成原始凭证的编制和审核工作，领会岗位之间的合作性和牵制性。

②岗位轮换策略。为了完成实践教学目标，教师需要让学生进行岗位轮换，小组中的每一个成员必须依次扮演 4 个角色，通过 4 轮轮换，使每个学生都能将所有实践内容轮换一次。这种策略加强了会计实践教学，系统培养了学生的实务操作技能。

（三）“工学结合”高职会计专业人才培养模式的路径选择

工学结合会计专业人才培养模式是指职业院校与会计行业（企业）密切合作，将学生的课堂学习与参加企业实际工作结合在一起，使学生能学到课堂中学不到的东西，并接受一定的职业训练，取得一定的工作经历，从而形成会计职业态度、会计职业能力和创新能力，顺利完成学业，实现从学生生涯到职业生涯的过渡。工学结合的人才培养模式，能够实现企业、学生、高职院校和社会的多赢，是我国高职教育的必然选择。

1. 工学结合人才培养模式的重要意义

《教育部关于全面提高高等职业教育教学质量的若干意见》提出把工学结合作为高职教育人才培养模式改革的重要切入点。这是高职教育理念的重大变革，是高职教育发展的必由之路。实行工学结合人才培养模式具有重要意义。

工学结合人才培养模式使封闭的学校教育走向开放的社会教育，使单一的学校课堂走向实际的职业岗位，使学科学历本位转向职业能力本位，使理论学习为主转向实践过程为主，使学科中心转向学习者中心，使学生在就学期间有机会和时间进入生产岗位和实际工作领域，从事与普通职业人一样的工作。学习与工作的互相交替和融合，不仅使学生有机会将所学的理论知识应用于实践，还使学生提前踏入社会，直接了解社会、熟悉社会、适应社会，大大增强了学生全面发展的自觉意识，从而增强了教育过程中的主体——学生全面发展的有效性。

工学结合人才培养模式有利于学生就业和企业用工的顺利对接。“就业、择业、创业”和全面发展，是高职院校学生自下而上的内在需要，也是他们的现实选择和人生发展轨迹，更是学生学习知识、掌握技能、提高素质的根本动力。工学结合人才培养模式能够有效提高学生的实际工作能力，使毕业生快速实现由学生向职工的角色转换，实现学生就业和企业用工的顺利对接。

2. 高职传统会计专业人才培养模式存在的问题

我国的高职学院大多是由原中专学校合并升格而成的，升格为高校后基本套用传统的学科型人才培养模式，没有摆脱学科教学模式的束缚，仍然受知识系统性、学科性和完整性的制约。这样的模式显然不符合高职院校人才培养目标的定位。会计专业是高职院校普遍设置的专业，目前采用的传统会计专业人才培养模式存在很多问题。

（1）课程体系学科化

传统模式下的课程体系偏重于会计专业知识理论体系，往往通过设置一系列会计课程来完成教学，设置的课程主要包括基础课、专业基础课、专业课，这些课程的课时占总课时的比重通常在50%左右。素质教育等其他课程不但课时少，而且固定不变。目前很多高校虽然加大了实习实践教学的力度，但由于受学科教育的影响，还没有按照实际会计工作岗位的要求组织教学，实习实训的绝大部分内容是账务处理，其实是准则、制度讲解的继续，只不过是将平时写在作业纸上的内容改写在凭证、账册上而已。这种课程体系与高职会计专业人才的培养目标是不相适应的。

（2）教学内容理论化

受“通才”教育理念的束缚，高职院校的教学内容仍然侧重理论知识的传授，强调知识的系统性、完整性，缺乏针对性，导致实践教学环节效果弱化；教学内容注重准则、制度的讲解，过分强调会计核算内容；虽然增加了实践教学环节，但教学重心没有真正向实践技能训练方面转移；教材内容陈旧老化、交叉重复、内容偏多、理论偏深，造成教学时间和教学资源的浪费，也影响教师实践教学的安排；由于教师缺乏对会计工作岗位的认识和调查研究，没有按照会计岗位所需的专业知识和专项能力组织教学，所以实践课内容缺乏实效性和针对性。

（3）成绩考评试卷化

学生成绩考评基本上沿用传统的闭卷、笔试形式的评价方式，仅以一次成绩作为评价标准，缺乏科学性，忽略了实践能力的测试。成绩考评体制的不合理，严重影响了学生实际操作技能的锻炼和综合素质的提高，从而对学生的职业发展产生了负面影响。

（4）师资队伍单一化

教师没有实际会计、审计工作经历，缺乏实际工作经验和操作技能，不能满足技能型人才培养的需要。教师队伍缺乏真正意义上的双师型人才，有的教师只是取得了相关的职业资格证书，并没有执业。另外，实践教学和专业课程教学工作主要由校内教师承担，缺少行业兼职教师的授课，实践教学效果受到了一定程度的影响。因此，具有丰富实践工作经验的行业兼职教师数量有待增加，专业带头人的专业建设能力和骨干教师的专业教学能力及业务操作能力有待提高。

要解决上述问题，学校必须跳出传统人才培养模式的误区，制定适应高职教育的培养目标，根据目标的职业岗位和职业能力要求，从培养学生能力的角度出发，选择与专业技能、岗位实际需求紧密结合的教学内容。学校只有避免空洞理论的传授，采用“工学结合”人才培养模式，才能使培养的学生真正达到高素质、高技能要求。

（四）高职“工学结合”会计专业人才培养模式的路径

根据目前高职会计专业的教育现状以及存在的问题，我们对高职会计专业人才培养模式要不断更新理念，强调能力培养，整合课程体系，选择符合高职会计专业特点的“工学结合”培养路径。

1. 根据培养目标，制订符合人才规格的培养方案

我们应通过与企业、行业专家的共同研讨，真正明确高职会计专业学生的主要就业岗位群、应具备的能力及必须学习的知识领域，如表 7-3 所示。我们应根据学生必须掌握的专业知识，设置专业岗位能力学习模块；我们应针对提升学生的专业及人文素质的要求，设置岗位能力拓展模块和职业素质教育模块；我们应针对学有余力的学生设置岗位能力提升模块、基础技能知识拓展模块和专业能力提升模块。我们要通过各模块的设置真正实现少什么学什么，缺什么补什么，要什么给什么。

表 7-3　高职会计专业岗位能力分解

	岗位基础素质	岗位专业能力	业务拓展能力
职业岗位能力	政治思想与职业道德	会计知识与基础技能	会计岗位适应与创新
	人文科学与身心健康	会计核算与信息化处理	分析问题与组织管理
	阅读写作与语言组织	财务管理与审计监督	职业生涯规划与发展
	团队协作与职业素养	经济与税收法律知识	继续学习与职业创新

2. 根据职业岗位工作要求，开设学习领域课程

针对传统会计专业课程设置老化的问题，学校应根据会计行业的常见岗位需要对教学内容进行改革，将相关课程进行整合，实现学习领域化课程设置，如表 7-4 所示。如开设“会计认知与职业基本技能”“出纳业务操作”“企业经济业务核算”“成本计算分析”“纳税计算申报”“会计信息化”等学习领域课程。学校要按照工作行为导向，采用“工学结合”的课程设计、有针对性的会计教学，使学生无论从事什么会计职业岗位，都能快速达到职业要求。

表 7-4　高职会计专业基于工作过程的学习领域分解

职业岗位	岗位主要工作内容	典型工作任务	学习领域
出纳	库存现金日常收付、办理银行结算、日记账、核对	从事货币资金业务处理	出纳业务操作
会计核算	筹资投资、费用支出、收入分配、财产物资、财务成果等经济业务的确认、计量、记录和报告	对日常发生的经济业务进行会计要素的确认、计量和记录	企业经济业务核算
	成本计算对象确定、成本项目确定、要素费用的归集与分析、成本计算方法选择、成本分析	按照核算对象归集费用支出，进行产品成本计算和分析	成本计算与分析
	税务登记、票据管理、税种确定、税款计算、节税申报	按照税法规定、计算申报企业的各种税收	税费计算与分析
会计监督	会计事前事中监督稽核、内部控制、内部审计	根据内控制度，进行会计检查和审计	内控检查与财务审计
财务管理	编制预算、筹集资金、投资项目分析、预算与成本控制、绩效考核评价、保障资金运行安全	按照财务目标，开展财务活动	财务管理与分析

3. 根据工学结合的培养模式，实施以工作任务驱动的项目化课程教学

传统的会计教学及校内实践不能给学生真实的岗位体验，如何解决这个问题呢？教师应将传统的理论教学和实践结合，对应学习领域按照仿真的工作环境的要求，设计不同的学习情境。如“企业经济业务核算”学习领域，可划分为“筹资与投资”“采购与付款”“销售与收款”“收益与分配”“会计报告与分析”等学习情境，以工作任务为驱动，融教、学、做于一体，按“六步教学法”实施项目化的教学。

4. 建立校外实习基地，进行“工学结合”的感性认知和顶岗实践

我们应根据会计教学的需要，在校外建立必要的会计实训实习基地，一方面承担会计专业知识教育，在会计启蒙教学之前让学生感受真实的会计环境，观察会计资料，参观工作流程，使学生对会计工作有基本的了解；另一方面，校内实训基地的实训虽然在一定程度上可以提高学生的动手能力，但毕竟只是一种“操练”，同时鉴于会计工作的特殊性，不可能在一个企业安排大批的学生进行顶岗实习，因此学校必须建立数量较多且满足需要的校外顶岗实训基地，为学生提供“演习”的场所。在学生校外顶岗实训期间，学校要聘请企业财会

人员担任会计实践指导老师，承担对顶岗学生进行指导的任务，会计专业的教师定期巡回指导，随时掌握学生顶岗实践的情况。

5. 实行双证融通，实务技能培养与职业证书培养相结合

以双证融通模式设计课程体系，要求教师在人才培养方案的设计上，根据会计职业岗位的任职要求，参照相关的职业资格标准，重构课程体系和教学内容，将会计考试所要求的应知内容和应会技能融入专业教学过程中，构建学历证书与职业资格证书“双证结合”的教学体系。

第二节　应用型会计专业人才培养的实施路径

一、会计应用型人才的供给与需求分析

一般认为，我国会计学历教育有三个层次：第一层次为会计研究生的教育与培养；第二层次为会计本科生的教育与培养；第三层次为会计专科生的教育与培养。其中，第二层的大部分和第三层的全部都属于应用型会计专业人才培养。应用型会计专业人才培养体系中有三个相互作用的主体：高校、会计专业的学生和企业。站在人力资源市场的视角来分析，这三者中高校为人力资源的间接供方，学生为人力资源的直接供方，而企业则是人力资源的需方。本科、专科的会计学生，除少数人可以通过“考研”“专升本”等途径继续学习外，绝大多数人必须面对就业市场。对他们来说，最迫切的需要是掌握走向工作岗位的知识和技能，毕业时能顺利就业，从长远来看他们需要具备长期发展的专业能力与素质，使个人的职业生涯有一个美好的未来。对企业而言，选择人才的关键是看这个人有没有具备岗位所需的技能，能否为企业带来效益，其能力与素质能否与企业的长期发展相适应。基于以上分析，从人事匹配角度讲，学生与企业对高等教育的根本要求是一致的。其现状包括三方面：第一，当前各高校对毕业生的就业非常重视，但这种重视还停留在形式上，关注的是就业率，较少对隐藏在就业率背后的问题进行反思；第二，高校对学生的长远发展关注得少，很少思考高等教育对学生未来职业生涯的影响；第三，高校对企业的需求了解不足，将会计理论、方法和技能与会计工作分割开来，导致教育与实际脱节，使学生学而难以致用。因此，高校迫切需要与时俱进地对会计教育进行重新定位，并认真实施。

二、会计应用型人才的培养目标

高等教育因社会和人的发展需求而存在，又因社会和人的时代变迁而变革。会计是与社会经济发展关系极为密切的工作，我们要培养能为社会服务的应用型会计专业人才。首先，高等会计教育应当强调其社会服务功能。在确定会计应用型人才的培养目标时，我们应该进行社会调查，在调查分析的基础上按社会需求确定培养目标，并且这一培养目标要随着社会需求的变化而不断调整。其次，高等会计教育应当关注学生的长期发展。应用型会计专业人才的培养目标是使所培养的会计专业人才既通晓会计理论又擅长会计实践，不仅能较好地利用会计理论指导会计实践，还要具备在未来工作中将实践经验升华为理论，以更好地解决实际问题的能力。基于此，我们主张会计应用型人才的培养目标应该是“培养适应社会发展需要的，理论基础扎实、知识面广、专业能力强、素质高的，具有终身学习本领和应对复杂变化环境的，具有良好职业道德的，能从事会计实务工作的应用型岗位人才或者具有复合知识技能的操作型人才”。

三、培养会计应用型人才的路径

（一）理清教育理念

教育理念是决定教育模式、内容和方法的根源，也是实施教学改革的动力所在。只有更新教育教学思想观念，正本清源，才能实现新旧教育体系的转换、教学手段的现代化、育人模式和方法的科学化。

1. 践行“育人为本”的理念

“育人为本”，这里的“人”是受教育的会计专业学生。我们要真正突出学生的主体地位，无论是学校的管理还是教师的教学、科研，都应该围绕这个根本主题，切实把会计专业人才的培养质量视为生命线。

2. 强调“全面育人”的理念

学校要坚持专业教育与通识教育的结合，以会计专业教育为主，同时加强人文科学、经济学、管理学、数学等方面的教育，以丰富会计专业教育的内涵，促进学生的全面发展；教师要坚持技术与道德的融通，以会计操守、会计职业道德教育为先，将会计知识教育、能力教育融为一体，培养学生健全的职业人格。

3. 坚持全面发展与个性发展相统一的理念

在全面育人的同时，教师要因材施教，启发诱导，最大限度地挖掘学生的潜力，促进学生的个性得到充分而自由的发展。会计高等教育不是培养“标准化”的会计专业人才，也不应该是“千人一面”，在“厚基础”的前提下，会计高等教育要结合学生的兴趣实现“多方向”。

（二）革新培养模式

一定的培养目标要求一定的培养模式与之相适应，目标的调整势必引起人才培养模式的革新。教育教学要更多地以就业为导向，花大力气提高学生的社会实践能力、职业发展能力和创新能力。

①实施会计理论与会计实践教学相结合的模式，培养学生的职业适应能力与专业发展能力，满足“强能力、高素质”的要求。会计理论与会计实务之间有密切的关系，娴熟的会计操作建立在扎实的会计理论基础之上，理论能使会计更好地履行职能。但理论最终是用于指导会计实务的，教师需要通过实践教学让学生知道如何运用理论解决实际问题。因此，高等会计教育不能只讲理论，也不能只教实务，二者合理结合才是科学的，最终目标是将理论知识转化为学生解决实际问题的能力。

②实施学校培养与社会培养相结合的模式，实现高校教育供给与社会要求的和谐统一。会计专业人才的培养应以学校培养为主体，但不是关门办教育，毕竟培养的人才是为社会服务的。

在会计专业学生的培养中，学校可以引入初级会计师考试的内容，在注册会计师专业学生的培养中，引入注册会计资格考试的内容，力争让学生在校期间就取得相关资格证书，为就业铺平道路。学校要充分发挥假期社会实践与毕业实习的作用，将这两项内容纳入学生的评价体系，并适当增加其权重，而不应该让假期社会实践与毕业实习流于形式。假期社会实践与毕业实习，一方面可以让学生了解社会，体验会计实务工作，找出自身的不足，有利于他们主动学习；另一方面，高校可以对相关资料进行整理、分析，发掘企业对会计专业人才的具体需求，改进培养模式和方法，更有效地为社会服务。

③实行通识教育＋会计大类教育＋会计方向教育的培养模式，实现“厚基础、宽口径、多方向”的培养原则。学生在校学习可分为通识教育、专业理论基础知识教育、专业方向选修教育和综合能力形成四个不同阶段。学校通过非专业性的通识教育，可以培养出身心健全的个人和社会公民，让学生领会“做人之道”，形成健全的人格。通过专业理论基础知识教育，学生可以打牢专业知识基础，获得专业特质，精通会计的“做事之法”。专业方向选修教育阶段，学校结合学生的个性、兴趣，可以开设金融会计、税务会计、会计电算化、国

际会计等方向的课程，供学生自由选择，培养学生特有的专业特质，实现“差异化”培养。最后，学校通过校内的实践教学、校外的社会实践和毕业实习、毕业论文撰写等环节，促使学生将已学的理论知识转换成综合能力，提升自身专业素质。

（三）完善教学内容

教学内容和课程体系是会计专业人才素质培养的主要落脚点。传统会计专业教学计划把课程分为公共课、专业基础课和专业课三个层次，只关注知识的系统性、学科的完整性，没有重视学生实际操作能力的培养，没有考虑用人单位的需要。

①优化理论课程体系，压缩必修课程，增加选修课程。会计专业的理论课程包括学科基础课程、专业基础课程和专业方向课程，其中学科基础课程、专业基础课程应为必修，而对于专业方向的课程学生可根据兴趣进行选修。基础课有利于培养学生扎实的会计相关知识，使学生养成科学的思维方法，掌握会计核算和财务管理的基本技术，因此，学科基础课程设置要朝宽口径的方向发展，专业基础课程设置要朝少而精、厚实的方向努力，专业方向课程设置要有方向特点，能培养学生的专业特长。

②增加实践课程，完善实践课程体系。突破实践环节是实现会计应用型人才“强能力、高素质”的关键，其任务是使学生把学到的会计知识转化为个人专业能力，使学生学以致用。实践课程体系包括毕业实习、毕业论文、社会实践、校内模拟实习。鉴于目前会计毕业实习的特殊性和困难性，实践课程体系应加强校内模拟实习课程的开发与完善，校内模拟实习课程的设置应朝系统性、仿真性的方向发展。

（四）更新教学方法

教学效果的好坏，取决于教师怎么教和学生怎么学，而学生怎么学也需要教师引领。对教师而言，探寻有效的教学方法和手段是一个永恒的话题。

1. 要坚持“以学生为中心”原则

以学生有效学习为基点，教学方法的选择要重点关注如何让学生学得更好。教师要强调学生的主体地位，强调教学过程的师生互动、双向交流，并给学生保留一定的独立思考空间。教师要关注学生的心理需求和个性差异，在教学中有针对性地加以指导，传授学生正确的学习方法，让学生带着兴趣主动学习，提高学习效果。

2. 要关注会计及会计教学的特殊性

会计是一种重要的商业语言，汇集了商业活动所有的经济元素。会计教学通常采用文字表达经济业务、T 型账户讲解会计处理的教学模式，有其特殊性和规律性。因此，会计教学方法、手段的选择要慎重。“填鸭式”“满堂灌”的会计教育显然不符合高素质人才培养要求，学校应大力推行以问题为导向的讨论式教学、以启迪思维为目标的启发式教学、以拓宽视野为宗旨的讲座式教学、以发现和解决问题为目的的案例教学、以培养综合能力为主旨的研究式教学。

3. 应恪守“授人以鱼，更授人以渔”的理念

会计教学要由以单一“传授知识”为主变为“传授方法”为主和“增强能力和素质”为目标。对一个人终生有益的是知识，但更有益的是学习方法。学无止境，我们掌握学习知识的方法便可与时俱进。教师要从“传授知识”转变为“传授学习方法”，让学生逐渐养成自我学习与不断更新知识的习惯。只有这样，学生才能适应经济社会的快速发展，职业生涯才能全面可持续发展。

（五）改革实践教学

教师要着重培养学生在基层单位或第一线的工作能力。因此，教学计划要调整课堂教学和实习实训的时间比例，加强实践教学、现场教学，注重会计专业学生的专业技能训练。

1. 完善实验室的硬件设施

教材、教师都是实践教学开展的软环境，而承载实践教学的实验室是硬环境，三者缺一不可。实验室硬件建设如果跟不上学科教学科研、人才培养发展的步伐，无法适应学科发展的需要，就会制约高校实践教学的开展。

2. 加强实践教学的改革研究

目前，许多高校会计专业开设了实训课程，但这些课程是分割的，缺乏系统性。教师要基于会计工作过程导向原则，依据系统论观点进行重新设计，使课程之间相互联系、相互作用、形成整体，要注意实践教学的先后顺序，合理安排教学时间。

3. 加强实践课程指导教师的培养

实践教学中，教师的作用是十分独特的。他们不仅是讲解者，还在不同阶段扮演着调动者、观察家、引导者、业务顾问、分析评论员等不同角色。这要求指导教师不仅要有深厚的理论功底，还得有丰富的实务工作经验。从目前情

况来看，高校不缺理论功底深厚的教师，但具有丰富实务工作经验的教师却不多，有必要加强教师这方面的培养。

4. 注重实践教学课程教材的开发、修订与完善

实践教学的开展离不开好的教材，教材的内容、设计影响教学效果。实践教学课程的教材内容应反映企业资金运转全过程，要体现企业各种财务关系。

（六）强师资培养

教师队伍教书育人的能力与水平，事关人才培养的质量。以培养应用型人才为主的大众化高等教育，要求专业教师“能文能武”，成为复合型的“双师型”人才。因此，高校提升教师的教书育人能力，加强师资培养，改善师资结构势在必行。具体有以下几方面。

①师资队伍建设坚持“德才兼备、以德为先”原则。“德”，是“才”的方向和灵魂，是“才”发展的内部动力。只有树立师德，明确教书育人是教师的根本责任和使命所在，教师才会有荣誉感，才会有事业心，才会有认真教书育人的动力。因此，师资队伍建设首先要摒弃一些教师心浮气躁的心态、急功近利的想法、弄虚作假的行为，使教师把全部心思凝结在立德树人上，其“才”才能得到充分发挥。尤其是会计以“诚信为本，操守为重”，如果教师做到“师爱为魂，学高为师，身正为范”，那么良好的师德就会引导学生形成良好的会计职业道德。

②大力培养“双师型”专任教师，实施专任教师“走出去”战略。教师除了学科继续教育以外，还应到企业进行技能训练或挂职锻炼。教师职称的晋升不能光看，教师论文发表数量，还要看其与用人单位合作指导学生实习、实训的能力等。学校在加强教师理论水平和实践能力的同时，还要鼓励其参加会计专业技术资格考试，取得会计师、注册会计师、注册资产评估师等资格证书，使其达到教育对“双师型”教师的要求。

③“外聘”兼职教师，丰富教师队伍构成。学校可以从企业聘请一定数量且经验丰富的高级会计师、注册会计师来校兼职，承担一些课程的教学任务，相互交流以带动校内会计教师素质的提高。

④建立促进教师努力教书育人的激励制度和文化氛围。在制度上，一方面，高校要鼓励教师履行职责，改善教师学习、工作和生活条件，让教师全身心投入本职工作。另一方面，高校要建立公正合理的教师绩效考评办法和评聘机制，激励教师不断进步与革新。从文化上，高校要加强校园文化建设，养成统一的崇尚教书育人的价值和信念体系，形成潜心育人的文化氛围。

（七）评估人才培养绩效

人才培养的绩效评估是人才培养中一项必不可少的工作，我们通过绩效评估可以发现问题，找出薄弱环节，完善、改进培养方案，更好地服务社会和培养人才。检验会计应用型人才培养是否成功，主要标准包括：①会计专业人才切实满足社会的需要。应用型会计专业人才的毕业去向就是走向社会，找工作，因此就业是检验人才培养效果的一把尺子。只有绝大多数毕业生顺利就业，并且得到用人单位的认可，才可以说会计专业人才的培养是成功的。②会计专业人才有良好的职业发展能力。从学生个体的角度看，学生接受高等教育的目的是获取知识和能力，以备将来能立足社会，谋求良好的事业前程，因此，能否为学生的职业发展奠定坚实的基础，是检验人才培养效果的另一把尺子。

第三节　会计教学改革的发展思路

一、会计教学形式的改革路径

（一）互联网教学形式改革的重点

在知识已取代劳动力成为经济发展战略性资源的当今社会，经营、管理、技术的创新和发展，依赖于高素质的人才。高等教育作为人才培养和学术研究的重要阵地，承担着知识生产、传递和转换的重大责任。如何适应知识经济的需要，培养高智商、高情商的高素质会计专业人才，是高等会计教育面临的首要问题。

1. 能力素质是高素质人才培养的核心

所谓高素质会计专业人才，是指智商、情商协调发展的优秀人才。智商是成功的前提，表现为在意识上善于吸取知识，并能融会贯通，运用于实践，实现跨领域思考。情商一般包括自我觉察、自我表达、自我激励、自我控制等方面，具有一定的可塑性，环境和教育对一个人的情商有很重要的影响。情商高表现为有正确的价值观与职业观，懂得包容，擅长沟通，既灵活应变，又能分辨是非、辨别真伪。

人才培养应包括知识、能力、素质这三个基本要素，我国高等教育经历了从重视知识传授到关注能力提高再到强调素质教育的过程，现在逐渐形成有知识、强能力、高素质三位一体的新型培养模式，这也是对教育本质的深刻认识。知识是人类认识世界与改造世界的智慧结晶，也是能力和素质的基础；能力是人们胜任某项任务的主观条件，是对知识的内化、转化、迁移、融合、拓展、创新水平的高度概括，是知识和素质的外在表现；素质是指在自然禀赋的基础上，通过后天环境的影响以及主体参与教育活动和社会实践而形成的比较稳定的、符合群体化要求的素养和品质，素质的基本要素是知识和能力。

未来人才素质的差别，不仅表现在专业知识上，更表现在人才的专业能力和职业能力上，其中创新能力居于重要地位。会计专业学生不仅要有宽厚的基础理论知识、扎实的专业技术知识，更要有较强的、多层次的综合能力，这是衡量高等会计教育能否培养高素质人才的重要尺度。高素质必须强能力，强能力才能有知识，因此，能力素质是高素质人才培养的核心。评价一名合格的会计专业人才，不仅要看他拥有多少会计知识，更要看他是否具备解决相关会计、财务、管理问题的综合能力。会计教育的目的在于帮助学生掌握这种能力，而不仅仅是学习、传承会计知识。高等会计教育应该培养社会需要的高素质会计专业人才，并在培养学生的专业能力、职业素质方面有所作为，变知识驱动型培养模式为能力驱动型培养模式。

2. 应用型人才的培养形式

对于高校来说，“后大众化”时期，会计专业培养目标主要是培养应用型人才，要解决的是大多数学生的就业问题，培养学生的就业竞争力，把职业优势、就业优势、创业优势作为特色追求。会计专业学生不仅要面对学习中的问题，还得面对就业、人际交往、经济、家庭等方面的问题，需要各种职业能力的支持。我们不可能完全预见未来的职业取向或职业变化，为了自身的生存和发展，会计专业学生需要掌握核心能力。这些能力可以概括为信息能力、表达能力、沟通能力、职业能力和创新能力。

（1）信息能力

信息能力是指个体有目的地搜集、鉴别、存储、利用信息过程中所具有的复合型技能，是信息时代人们赖以生存、学习、工作的必备条件，也是会计专业人才素质结构中最基本的能力要素，主要包括信息意识、信息技术、信息品质等方面的能力。

会计工作的重要性不仅仅在于反映经济形象、描述经济行为，更重要的是在纷繁复杂的信息世界中，通过有效的方式，高效地查阅、提炼、组织有用的信息解决问题。据有关资料统计，现代企业在管理上所需的信息有 70% 来自会计部门。

（2）表达能力

表达能力是指人有目的地运用语言、文字、图表准确阐明观点和意见、抒发情感的技能。表达能力的高低直接影响人的生产生活质量。表达能力成为会计专业学生必须具备的重要能力和基本素质，主要包括语言表达、文字表达、图表表达等方面的能力。准确的表达能力是培育学生有效沟通能力的前提。

（3）沟通能力

沟通能力是指人在事实、情感、价值取向等方面有效地与人交流以求思想一致和信息通畅的社会能力，主要包括组织、授权、冲突处理、激励下属等方面的能力。沟通是不同主体之间信息的传递，沟通能力的培养和教育可以使学生吸收与转化外界信息，理解和调节他人情绪，与他人合作，妥善处理内外关系。良好的沟通能够促进学生与他人和谐相处，创造性地解决人际关系问题，是事业成功的重要条件。

会计是国际通用的商业语言，企业利益主体的多元化，使会计工作处于内外错综复杂的关系中，只有在良好沟通下，才能提供准确、及时、有用的会计信息。会计工作岗位既分工明确，又相互联系，从凭证填制到账簿登记，从成本核算到财产清查，直至会计报表的编制，各环节紧密相连、互相承接，需要各会计岗位人员通力配合、团结协作、共同完成，才能发挥会计信息的沟通效能。

（4）创新能力

创新能力是指由一定的知识、方法、思维、人格等共同构成并相互作用，产生和获得一定新技术、新经验或新思想的复杂能力，这种能力的发展有一个由低到高的过程，主要包括应用创新能力、集成创新和再创新能力以及原始创新能力等方面。创新能力是高素质会计专业人才培养的价值追求目标，其形成与教育方式、方法密切相关。

（二）互联网时代会计教学形式的改革

1. 教学主体学生化

传统的会计教学理念以教师为中心，教师集制片、导演、演员为一身，学生是观众，在这种教学模式下，学生的地位是被动的，课堂气氛是沉闷的，造成学生缺乏创造性思维，分析问题、解决问题的能力低下。尽管大多数教师将计算机多媒体技术应用于会计教学，使会计教学的手段发生改变，但新的问题也随之出现，最典型的问题是由于教师课堂板书量的减少，课堂上讲述的内容以演示文稿的方式呈现，导致课堂教学的知识和兴趣点转移。

互联网时代，会计教学模式的改革首先要转变的是教学主体。教师利用互联网技术可以让学生成为会计教学活动中的主体。教师是制片人和导演，学生要从原来的观众转变为演员，实现教学主体学生化。让基于知识传授的课堂教学方式转变为基于问题解决的课堂教学方式，即我们通常所说的翻转课堂的教学模式。具体的做法是教师将会计教学中知识性的内容以微课的形式通过互联网课程平台发布，让学生利用课余时间自己观看视频进行学习。每个学生可以根据自己对知识的掌握情况控制学习进度，没有学会可以反复学习，实现自主学习和个性化学习。课堂教学不再讲述知识性的内容，而是提出新的问题，让学生利用获得的知识去解决问题，通过解决问题的过程完成知识点的内化和提升。课堂教学的重点是帮助学生解决学习中遇到的困难和问题，教给学生解决问题的方法和思路，使教师成为学习的引导者。以问题为导向的课堂教学模式能促使学生进行更多的阅读和学习。课堂教学主体的转变可以激发学生学习的兴趣，培养学生分析问题和解决问题的能力。

2. 教学控制全程化

传统的课堂教学，教师能控制的仅仅是课堂的45分钟，课后学生做什么，教师没有办法控制和实施有效的管理。有人也会提出质疑，辛辛苦苦开发的课程资源通过互联网课程平台发布后，学生不看怎么办？如果学生不能自觉地在线下完成自主学习，翻转课堂的教学模式就无法实现，相当于导演让演员回家背台词，演员根本没背，戏就拍不下去。不能有效解决这个问题，翻转课堂就是空谈。那么如何解决这个问题呢？教师可以利用互联网的云技术，创建云班级，云班级以教师在云端创建的班群和班课空间为基础，为学生提供移动设备上的课程订阅、消息推送、作业、课件、视频和资料服务。云班级为教师和学生提供基于移动交互式数字教材的教学互动支持。教师在数字教材中标注阅读要求和学习要点，使学生在数字教材学习时可以查看教师的批注也可以在同学间分享笔记。教师可以查询学生的学习进度和学习记录，学生本学期进度和学习成效都能在手机APP里一目了然。到了期末，谁得高分，谁会被判不及格，就有了依据。学期末教师可以得到每位学生的学习评估报告，实现对每位学生学习进度的跟踪和学习成效的评价，激发学生利用手机进行自主学习的兴趣。云班级最大的优势在于可以发布丰富的教学资源。这些资源可以是自行设计开发的，也可以共享网络中的资源。它并不只是一个简单的手机APP。通过对数字资源的不断开发，云班级将成为取之不尽用之不竭的资源库和实现教学全过程管理的有效工具。有了这样一个互联网平台，学生的手机将成为学习的工具，而不再只是用于聊天、玩游戏，教师手中的手机也将成为教学管理、课程建设的有力工具。这些智能化的电子设备才能实现真正的价值。

3. 学习情境混合化

在互联网时代，学习情境将呈现出混合化趋势，既有线上的课堂学习，又有线下的自主学习。互联网技术的深入发展和智能化电子产品的广泛应用使学生的学习方式变成移动式和碎片化，只要有网络，学生就可以利用智能手机在任何时间、任何地点进行学习，提高时间的使用效率，学习的方式更加自由和多元化，文字的课本、发布的视频、网络上的资源都可以利用。在同一个课堂上，有的学生可能在相互讨论，有的学生可能自己看视频，有的学生可能在静静地看教材上相关习题的讲解，用何种方式获取知识完全取决于学生自己的喜好。但无论用什么方式，要达到的目标是一致。这种学习情境的改变满足了学生个性化学习的需要，对激发学生的创造力、培养学生的创新思维有重要作用。

4. 考核评价多元化

目前，高校会计专业大部分课程仍采用传统考核方式，即课程的“平时成绩 + 期末闭卷成绩”，考核的内容主要是课堂和教材的知识，这种方式无法对学生职业能力进行评价。这种评价的方式的实质是结论性评价，通俗讲叫一考定终身。其弊端是考试时间有限，考试范围固定，以考核知识为主，无法对学生能力进行评价。这种考核评价机制无法适应会计应用型人才培养目标的要求。根据会计专业课程的特点，我们应借助互联网的课程平台，建立一个科学合理的考核评价体系。课程考核评价的方式应该从结论性考核向过程性考核转变，评价主体从以教师为主的单一主体向多元化主体转变，考核形式可以是计算机考试系统的在线评价，可以是教师的评价，也可以是学生之间的相互评价。考核评价的范围包括整个课程教学中学生的学习态度、学习表现、能力发展等方面，把学习过程和学习成果都纳入考核范围。考核评价不是为了难倒、考倒学生，而是为了明确每个学生在学习过程中哪些方面做得比较好，哪些方面还存在何种问题，学生应该如何解决，并对学生的学习过程给出指导。这种考核方式能够调动学生的主动性、积极性，使学习过程变得更加有趣、更加个性化，有利于促进学生能力的发展，也有利于更加全面地评价学生的综合能力。

5. 教学模式现代化

互联网技术和移动互联网的推广不仅是信息技术的革命，更是会计教学模式改革的引子。要促进会计教学模式的深化改革，我们在会计教学模式改革的探索与实践中还要注意以下问题。

（1）实现对知识体系的构建

在会计教学模式改革中，为了提高学生的注意力，教师将学生课前自学的内容，以微课的形式发布在课程平台上。它能解决学生注意力不能长时间集中的问题，但是也使学生获得的知识变得碎片化、零散。如何把这些零散的、碎片化的知识点串联起来，将这些知识点进行复原，按照会计学科的知识结构，构建完整的知识体系，是教师在课堂教学中要完成的首要任务。教师可以使用思维导图或知识结构图来实现会计学科知识体系的还原。

互联网时代，会计教学模式的改革是一项长期的系统工程，在具体的实施过程中可能会遇到新的问题，需要广大的会计教育工作者不断探索，不断总结，找到适合会计教学的新方式。

（2）实现对“翻转课堂”的有效管理

在会计教学模式的改革实践中，我们不能把翻转课堂简单地理解为让学生在课前通过观看微课视频自己学习，课堂上教师进行答疑解惑。如果只是简单地看视频，那么翻转课堂就和传统教学中的课前预习没有什么区别。在翻转课堂中，教师要成为学习的引导者，不再是“授之以鱼”，而是“授之以渔”，必须更加注重学生学习能力的培养。所以教师对翻转课堂做好课前、课中和课后的教学内容整理就显得非常必要。

教师要在课前精心设计学习任务单，及时发布课程资源，任务单中要明确学生线下学习应完成的具体任务，明确学生完成任务后要解决什么样的问题，学习中遇到困难应该如何解决，完成任务后会得到什么奖励，不完成任务会有什么样的处罚，这样学生的线下学习才能目的明确。同时，教师还要注意课程资源的发布必须及时，让学生有足够的时间完成任务，课中要设计针对性的案例，使学生自主学习获得的知识进行内化，线上课堂的案例或问题的设计必须有针对性和可行性。在教师的指导下，学生利用自己的知识积累解决问题，在解决问题的过程中实现对所学知识的内化，建立自己的知识体系。

教师在课后要设计综合性案例，实现知识迁移。学生获得知识的目的是提高自己独立解决问题的能力，综合性案例的设计是为了培养学生独立分析问题、解决问题的能力，帮助学生利用大数据分析的结果，辅助公司决策，以提高自身的竞争力。客户分群、客户行为分析、客户关系管理、市场营销、广告投放等企业核心业务越来越依赖对大数据的有效分析。如何从海量业务数据中挖掘存在价值的信息和知识，从而指导企业运营与决策，提高企业运营效率和盈利能力，成为每个企业都将面临的重要问题。会计专业与社会需求紧密结合，会计专业的人才培养具有明显的应用型导向，强调培养学生的实践和应用能力，使学生适应市场对人才需求的变化，培养学生知识迁移能力。

6. 课程资源的多样化

传统教学方式下，会计专业的教学资源主要是教材和习题。这些传统的教学资源无法满足翻转课堂教学模式的需要，以学生为教学主体的翻转课堂教学模式不是用视频和网络资源代替书本，而是对这些资源进行融合，使会计的课堂教学模式呈现立体化，线上课堂和线下课堂优势互补。我们要实现课堂的有效翻转必须做好课程资源的建设，课程资源建设是会计教学模式改革的基石，可以通过一些途径完成一系列现有资源的整合。国内的多数视频学习网站都有会计专业相关教学视频的免费资源，教师要充分利用这些教学资源，对这些资源进行甄别，筛选出适合教学对象的课程资源，推荐给学生观看，并设计好学生要完成的任务以及需要思考的问题。

同时，教师还要自行开发课程资源。由于每个学校办学特色不同，现成的课程资源并不能完全满足教学需要，学校还必须组织课程的主讲教师针对教学对象的特点，开发建设有针对性的课程资源。教师要对传统纸质教材和习题资源进行修改，使之符合新的会计教学模式的需要。在这种教学模式下，课程资源将呈现多样化的趋势，纸质的教材、习题、微课视频、动态开放的慕课资源都将成为课程资源。可以说，脱离课程资源建设，翻转课堂教学模式就没有了实施的基础。

二、会计教学资源的改革路径

（一）会计专业教学资源信息网络化存在的问题

会计专业教学资源信息网络化的成就是有目共睹的，但也存在着一些问题，可归纳为以下几点。

1. 重复建设情况时有发生

在各高校的会计专业开展的教学资源建设中，重复建设的课程和资源比较多，共享程度差，造成了严重的资源浪费。

2. 专业领域信息网络化教学资源形式单一

当前，会计专业教学资源仍以文本类信息居多，罗列会计专业教学重点的多，针对学习过程的指导少，教学资料静态的比较多，而交互式的多媒体教学软件比较少，缺乏会计专业教学内容之间的有机联系与链接，交互功能不足。专业课程特色不够突出，专业的教学资源建设跟不上。有些课程有文字教材或音像教材，但信息网络化教学资源的建设滞后。

3. 会计专业教学资源信息网络化跟不上硬件发展

会计专业教学资源建设与硬件建设如何实现均衡发展，已成为会计专业发展亟待解决的问题之一。会计专业受传统会计教育思想的影响，一直都存在重硬件轻软件的问题。以计算机为核心的信息技术兴起后，会计教育信息网络化成为世人瞩目的焦点，基础设施建设初见成效。可以说，硬件建设已取得了一定的成绩，但软件建设却没有跟上硬件建设的步伐，使“教学资源匮乏”成为会计专业教学发展的障碍。在会计专业建设和理论研究过程中，教学资源信息网络化与硬件均衡发展已成为学科建设的重要任务，均衡发展是会计专业发展的方向。

4. 教学资源建设缺乏质量跟踪和信息反馈

教学资源建设人员对跟踪调查和信息反馈缺乏专业化的运作方式，难以发现客观存在的问题。学习效果的反馈和信息网络化教学质量评价等环节有所欠缺，使学生和教师对网上学习的效果无法把握。

5. 现有会计专业教学资源缺乏精细的目标、原则与方法

纵观当前会计专业教学资源建设的现状，不难发现人们往往注重单一课程的教学资源开发，而忽视了全面建设本专业教学资源的工作。会计专业教学资源建设缺乏精细的组织、目标、原则及方法，导致会计专业资源整合力度不够，未能形成理想的网上教学环境，使学生在学习时“见木不见林”，不能为学生提供不断实践、应用会计专业技术的舞台，不能满足学生对会计专业信息技术的求知需求，学生旺盛的精力、强烈的好奇心和求知欲未能得到正确引导。

（二）会计学科网络教学资源的建设策略

会计学科网络教学资源是指基于网络的会计专业教学材料，即基于互联网运行的会计学科信息化教学资源。作为一门热门学科，尤其是实践性和应用性特征明显的学科，会计与计算机、网络的关系十分密切。计算机在会计工作中的应用带来了会计数据处理技术的革命，成为会计发展史上的一个重要里程碑。随着计算机和网络技术的迅速发展，计算机和网络在会计工作中的应用范围也在不断扩大，作用也在不断提升。时至今日，计算机在会计领域的应用已从最初的单个功能模块发展到集会计核算、会计管理以及预测与决策等功能于一体的综合性软件系统，并实现了网络化管理。与会计学科的发展动态和教育信息化发展趋势相适应，会计学科专业教学对网络资源的使用也十分普遍。会计专业精品课程、网络课程、会计学科专业网站等，使会计学科的教学资源得到了

极大丰富，学生的学习自主性得到了增强，并且教学效果也得到了提升。但是不可否认的是，当前高校会计学科网络教学资源建设也还存在一些问题，需要我们加以关注和解决。

1. 会计学科网络教学资源建设的意义和作用

首先，网络教学资源使会计学科专业教学形式和内容得以丰富。网络教学资源的首要特征是丰富性。会计网络教学资源将大量教学资源以网络的形式展现，改变了传统“纸质教案 + 多媒体课件”的教学资源形式，使学生可以浏览、观看、下载各种专业教学课件和图文资料，使教学形式多样化。另外，网络教学资源及时将最新的信息以最便捷的途径呈现在使用者面前，使会计专业学生迅速获得最新、最前沿的专业信息资源，使会计专业课堂内容不再局限于已出版的教材，将教师和学生的目光转向对业界最新知识和技能的了解和学习上，使教学内容大大丰富且更具有前瞻性。

其次，会计学科网络教学资源的建设和使用使学生学习的自主性增强。高等教育的改革目标之一是培养学生自主性学习习惯，即促使学生从“应付学习任务”向“怀有愉快期望主动学习”转变。网络是当前学生最感兴趣的媒介，网络教学资源的使用能激发学生探究专业知识的欲望。教师应通过网上讨论培养学生思考的习惯，通过形式多样的互动式教学使学生摆脱传统的填鸭式课堂教学模式，强化师生之间的互动，激发双方的主观能动性，使学生学习的自主性增强。

最后，会计专业网络教学资源的使用使学生的专业技能得以增强。会计是一门应用性很强的学科，单纯的课堂学习仅从理论上对专业知识进行讲授，对学生实践知识的运用却未能很好予以指导。会计专业网络教学资源的建设可以有针对性地强化学生对会计知识的实践应用，可以模拟企业实际会计工作环境，增强学生的专业技能。

2. 会计学科网络教学资源的不足

（1）网络教学资源“静”多“动”少

在高校信息化建设的大环境下，很多财经学校的会计学科网络教学资源都得到快速开发、建设和使用。但是，从网络教学资源提供的情况看，现有会计学科网络教学资源中大部分是文本教学材料，很多内容是教材或授课内容的简单重复，且以静态的形式呈现。而教学是一个动态的过程，是学生提出问题、解决问题、再产生疑惑和再次解惑的不断循环的过程。静态的信息可以满足会计专业学生对学习的基本需求，但无法满足他们在学习过程中产生的个性化学习需求。当前“动”少“静”多的会计学科网络教学资源不能为学生提供及时的自主学习支持服务。

（2）网络教学资源建设“各自为战”

当前，高等教育会计学科的很多主干课程，如“基础会计”“财务会计”“财务管理”等都是校级、省级甚至国家级精品课程。精品课程网络验收模式推动了网站建设，充实了会计专业教学资源。但是，精品课程网站建设更偏重于展示而忽略了与学生的互动。很多高校开设的网络课程由于更具互动性，从一定程度上弥补了精品课程资源的不足，但这些网络课程的开发一般是由任课教师自行组织的，教师各自为战的情况比较明显，加之网络课程偏少，使网络课程之间、网络课程与精品课程之间未能有效整合，缺乏协调性和统一性。

（3）网络教学资源整体设计水平有待提高

由于经费的限制和会计学科的专业性要求，当前会计学科网络教学资源建设的主体绝大部分是专业教师或教师团队。这些会计学科专业教师或是以精品课程为契机，或是以网络课程建设为着眼点，进行网络教学资源的建设和开发。这些专业教师具备丰富的专业知识，但对互联网、信息化建设等方面的知识不太熟悉，导致其开发的网络教学资源的整体设计水平不高，影响使用效果。

（4）网络教学资源设计忽略了对学生学习过程的监控

会计学科网络教学资源建设的最终目标是向学生提供形式丰富的学习资源，让学生坚持学习并取得良好的学习效果。为达到这一目标，教师不仅需要在各专业网络课程建设中添加形式多样的学习内容，还应注意设计相应教学环节，安排学生充分利用网络资源开展学习任务。当前很多网络课程对学时安排、学习方法的介绍是基于传统经验的，没能根据网络环境的特点进行系统和有针对性的设计。也有很多网络课程强调学生的讨论、互动，但因网络教学资源使用的发散性和对学生学习过程的监控不力，影响了会计学科网络教学资源的最终使用效果。

（5）网络教学资源所提供的便捷下载可能导致教师教学分析能力下降

众所周知，会计学科网络教学资源信息量丰富，相关课程的教案、课件、习题等静态资料充足，下载便捷，这从一定程度上缓解了教师对教案重新编写的工作。然而，正是这些便捷的网络资源助长了一些教师的教学“惰性”。这些教师不仅不编写教案，还不制作课件、不出新习题。一些教师“拿来主义”思想严重，在教学准备过程中“偷懒”，不再根据课程特色、学生特点和自身情况设计教学模式和思路。长此以往，教师的整体教学能力和教学效果堪忧。

3. 会计学科网络教学资源的建设策略

①以目标为导向构建会计学科网络教学资源体系，整合现有资源，逐步建设和完善网络教学资源体系。当前的会计学科网络教学资源比较分散，大多处于教师自建、自管、自用的状态，缺乏整体规划。所以，教学目标的确定是建设网络教学资源的第一任务。我们要以目标为导向构建会计学科网络教学资源体系，理顺并整合已有的精品课程、网络课程、学科网站等，注意调整和删减专业主干课的重复部分，逐步增加和完善专业选修课内容。与此同时，每位教师可根据自身特点和学生特征对网络资源进行调整，保障网络资源的共用和可循环再利用。

②以精品课程为基础丰富网络教学内容，增加多种素材充实“动态”资源。随着高等教育实施的“质量工程”改革项目的启动，高校精品课程建设已取得一定的成果。精品课程是集优质师资、高水平教材、先进教学理念和良好教学效果于一体的专业主干课程，最能体现会计专业核心知识。会计学科网络教学资源建设应以现有的精品课程资源为基础，充实和丰富网络资源的教学内容。同时，为了弥补精品课程资源“静”多“动”少的不足，教师应在会计学科网络教学整体资源库中，增加更多专业课程的文本、图形、视频等素材，设置“讨论与互动”模块，充实动态资源。

③提高教师信息水平，变“拿来主义”为“拿来思想”。在信息化高速发展的当今社会，会计学科专业教师的信息化水平不仅直接决定了网络教学资源的建设水准，还会影响网络教学资源的使用效果。所以，学校有必要通过培训、进修和其他方式的学习，提升专业教师的信息化水平，从而提高网络教学资源建设水准。除此之外，在网络资源使用过程中，学校应引导教师以现有网络教学资源为依据进行特色调整和开发，摒弃“拿来主义”，秉持“拿来思想”，通过网络资源这一手段促进教师教学水平和教学能力的提升。

④增加互动和在线任务等教学环节，注重监控学生的学习过程。为了使学生学习的自主性得到充分发挥，教师应在会计学科网络资源体系中添加形式多样的学生自主学习内容，运用“启发式”和“以问题或案例为切入点”的教学思想和教学方式，设计各种类型的学习任务，控制学生的学习过程。如教师通过发布通知、在线完成作业、在线期中考试、案例讨论、跟帖参与讨论等，对学生的学习进行必要的督促。同时，对于重点知识内容教师还可以提出更高要求，如学生没有完成必要的学习任务就不能进行下一阶段的学习，从而在一定程度上监督和控制学生的自主学习。

（三）基于互联网的会计教学资源库建设

1. 学习资源库

学习资源库为学生提供自主学习素材，主要包括文本资料、图片信息、音频或视频文件、虚拟实训内容、职业资格技能训练。来自企业及行业一线的实际案例库，能帮助学生实现学习能力的迁移。

2. 会计职业信息库

会计职业的市场需求面广，电商企业、物流行业、生态农业、互联网＋制造业、商业、餐饮业、旅游业、咨询服务业、金融行业等都需要会计人员。但不同行业对会计从业人员的要求不同，对会计职业资格的要求也不同。此外，会计从业人员还要了解与自身权益相关的知识和法律条例。会计职业信息库要包含不同行业、企业信息，相关产品的流程介绍，服务内容，会计岗位描述等。

3. 会计专业建设标准库

当前是国家经济转型的重要时期，国家经济逐步完成从传统制造业和服务业向先进制造业和现代服务业的转型。培养优秀技能型会计专业人才是高等教育的目标之一，我们需要调研区域经济、行业发展和企业的需求，制定相应的会计专业人才培养目标及课程建设标准等。

4. 会计专业课程资源库

我们要根据企业需求，参考技能型人才的发展规律和会计职业生涯发展需求，以会计从业能力—初级会计师能力—中级会计师能力—高级会计师能力为基准线，设置会计专业课程，如会计从业能力的核心课程“会计基础”“出纳实务”，初级会计师的能力核心课程“财务会计实务”“纳税实务”“会计电算化”，中级会计师能力的核心课程“中级会计实务”“成本计算”“财务管理”，高级会计师能力的核心课程“审计”“财务报表分析”“高级会计实务”“管理会计”，特色行业会计的课程“物流会计”“旅游会计”“农业会计”“金融会计”等，建立会计专业课程资源库。会计专业课程资源库包括精品课程、课件、电子教材、会计制度准则等。

三、会计教学管理模式的改革路径

中央文件要求教育工作者要贴近实际，贴近生活，贴近学生。教师要不断加强自身学习，认真学习党的重要指导思想，认真贯彻高校办学精神和理念，针对学生的现状，抓氛围，促引导，扎实做好学风建设工作。

（一）会计专业学生管理存在的问题

会计专业的学生进入大学时都有远大的理想。之后由于种种原因，有部分学生在学风方面出现许多不容忽视的问题。

1. 学校学风不浓

部分学生对自己要求不严，自由散漫，萎靡不振，缺乏学习热情和刻苦钻研精神，经常迟到、早退、旷课，在学习上弄虚作假。虽然学校有严格的校规校纪，但学风仍受到影响。

2. 学习目标不明确

有些学生踏入大学校门之后，缺乏远大理想，学习无目的、无动力，缺乏专业兴趣。有些学生不知道为什么来上大学，应该学什么，以后怎么办。这些学生人数虽少，但对学校学风建设危害极大。

3. 会计学院教学任务繁重

近年来持续的会计专业热，造成会计专业新生人数剧增。目前各个高校会计学院的教职人员人数不多，但是，他们承担着高校会计专业所有学生的教学和管理重任。虽然教育部对高校会计专业有一定的政策支持，也及时补充了一些高素质师资力量，但一些会计学院仍然无法在教学和管理上做到尽善尽美，没有形成持久的优良学风体系。

4. 家长与学校的配合度不够

现在大多数大学生都是独生子女家庭，孩子能够考上大学是每一位家长的梦想和心愿。孩子一旦考上大学，有些家长就错误地认为已经完成任务，万事大吉。他们没有继续尽到家长的责任，对孩子的生活自理能力、学习自律能力、在校自我管理能力的关心不够，没能及时与学校沟通。

5. 学生党员、班委干部为同学服务的意识不强

有些学生党员、班委干部为同学服务热情不够，没有把精力投入班级的工作中，导致各项工作无法深入开展，特别是课堂纪律方面问题严重。

（二）会计教学管理信息化建设中存在的问题

1. 缺乏网络信息风险意识

信息安全不仅涉及电脑使用者的数据保密和硬件维护，还会影响所在局域网络的整体安全，因此必须引起我们足够的重视。目前的网络应用软件市场良莠不齐，一些高校为了节省成本而安装或在维护时使用未获得授权认证的系统

固件，不仅给电脑本身的运行带来风险，还可能危及学校整体的网络安全，使会计教学管理信息化出现安全隐患。为了解决这个问题，学校可采用身份认证和权限控制的方法对信息系统进行全面监控，也可采用一些保护个人隐私的办法，如数据加密、隐私保护等。

2. 建设经费相对投入不足

会计教学管理信息化是需要高投入的教学模式，教学过程不仅需要信息技术的一系列终端设备、维护设备、电子设备，还需要运行设备的场所、配套的实习地。因此，这种模式消耗大、投入多，需要更多的经费支持。然而，我国大部分高校都没有在信息化建设方面投入较多经费，在很大程度上制约着会计教学管理信息化建设的发展。因此，各地区应加强对会计教学管理信息化经费的拨款，用充足的经费保障来促进会计教学管理信息化的正常实施。

3. 传统会计教学管理理念的不良影响

将会计教学管理信息化建设定位于硬件和平台的建设有利于教学评估检查、完善基础设施，但实现会计教学管理信息化的关键在于树立适应信息化社会的理念，即高效、智能的会计教学管理理念。一些高校认为会计教学管理信息化只是管理手段的变化，只具有提高效率的作用，甚至在一些操作技术不熟练的教师看来还不如传统方法简捷方便。这实际上是传统会计教学管理理念造成的误区。使用信息化的会计教学管理方式不仅会使传统会计教学管理手段发生变革，更会对传统会计教学管理理念造成冲击。它要求会计教学管理者建立新的认知和工作思维方式，对涉及会计领域的各种信息进行辨别和筛选，培养自身灵敏的信息嗅觉和敏感性。

4. 会计教学管理软件的开发与维护不足

会计教学管理信息化建设包括硬件建设和软件建设，硬件建设指信息化办公所必需的电脑、处理器等网络设备；软件建设则指会计教学管理所应用的电脑软件。这两者应当并重，不可偏废。目前许多高校把主要的精力投入硬件和平台的建设，对于软件的引进、开发和维护还没有给予足够的重视。电脑等设施的置备并不能说明实现了会计教学管理的信息化，还要看这些信息化设备在会计教学管理中的作用。然而，现实中会计教学管理系统的设计与学校具体需要之间存在矛盾，软件公司在开发时往往选择具有普适性的模板，但每个学校的会计教学管理体制存在差别、需求不同。因此，这些软件可能导致会计教学管理系统功能出现问题。

（三）互联网时代会计学科的教学管理

互联网时代的发展使会计教育产生深刻的变革，高校教师在这一过程中应该积极应对挑战，对新时期会计学科的教学管理工作提出新的要求。

1. 教学方式的改革与实践

大多数学生还不了解云会计、大数据这些新概念，更不清楚这些新事物给就业带来的机遇与挑战。当下很多学生对大学的学习还是依赖于教师的课堂教学以及教材的课本学习，或者选择培训班的方式应对会计的各种专业考试。这种上课、复习、考试的教育机制已经不能满足社会对学生的需求，高校必须培养学生对新知识的认知能力和独立自主的学习意识，教学方式的改革迫在眉睫。

（1）课程建设

在互联网时代，传统的课程建设显然已经不能满足教学需求，我们必须积极推进新的课程建设。首先，传统的教学资源比较单一，只有教材习题，而在互联网时代，我们可以借鉴微课、慕课、翻转课堂等教学方式，在课前录制短片供学生预习或者课后复习，也可以利用微信等软件进行习题的发布。其次，传统的教学方式都是教师讲，学生听，比较枯燥。在互联网时代，学生通过学习课前的短片有了一定的知识基础，教师可以只进行重难点的讲解，也可以组织学生进行小组讨论，相互交流彼此的观点，教师最后进行点评，提高学生学习的效率。最后，教师可以通过软件对学生答题情况做一个统计，找出学生的易错点，及时调整教学方法。

（2）培养学生挖掘网络资源的能力

随着互联网技术的快速发展与普及，当今大学生都拥有基本的上网工具，具备获取网络资源的条件。一方面，随着大数据时代的到来，会计专业学生可以不受时空的限制进行自主学习；另一方面，海量的会计数据又让学生应接不暇，如何快速查找并利用有效的会计资源进行学习是当前会计专业学生面临的困惑。首先，教师在教学的过程中可以鼓励学生主动关注与会计相关的专业机构的微博、微信等公众平台，接受专业的信息推送。其次，教师在教学的过程中可以开展数据应用实践，为学生提供专业网站的信息，如国研网、巨潮资讯网、东奥会计网校、中华会计网校等，充分培养学生利用大数据时代的优越性挖掘网络资源的能力。

2. 教学管理的改革与实践

为了与教学方式相匹配，高校必须建立相应的教学平台来辅助教学管理。教学平台应当包含以下几个方面的内容：第一，学生的管理类数据，包括学生的基本信息、考勤、作业、成绩以及该生在学校的各类表现等。第二，教师的管理类数据，包括教师的基本信息、教师备课的教案、教学进度、作业批改情况、辅导学生情况等。第三，综合管理类大数据，包括学校基本信息数据以及学校各项评比类数据等。第四，第三方应用类大数据，包括地图、天气、安全、网上课堂等教学资源。

参考文献

[1] 张素云．高校会计信息化教学研究 [M]．咸阳：西北农林科技大学出版社，2010.

[2] 张立中．会计理论与应用创新研究 [M]．北京：中国物资出版社，2010.

[3] 章新蓉，曾林．会计专业教育教学改革研究 [M]．成都：西南交通大学出版社，2011.

[4] 李定清，曾林．高校会计教学范式改革研究 [M]．成都：西南交通大学出版社，2013.

[5] 杨琦，房桃峻．会计信息系统原理与应用 [M]．厦门：厦门大学出版社，2014.

[6] 章新蓉，谢付杰．会计人才订单培养模式改革研究 [M]．成都：西南财经大学出版社，2015.

[7] 张妙凌．会计人才培养与实践性教学研究 [M]．成都：电子科技大学出版社，2015.

[8] 陆迎霞．基于就业导向视角的会计学专业实践教学研究 [M]．太原：山西经济出版社，2016.

[9] 李玲，李琦．会计人才技能结构供需失衡：现状与对策 [M]．上海：复旦大学出版社，2016.

[10] 刘红霞．高校会计专业人才培养模式创新与实现路径研究 [M]．北京：中国财政经济出版社，2016.

[11] 严水荷．会计心理导向教学 [M]．杭州：浙江大学出版社，2018.

[12] 于新茹，潘栋梁．现代财务会计理论及实践研究 [M]．长春：东北师范大学出版社，2017.

[13] 陈信元．会计学：教学指导用书 [M]．4 版．上海：上海财经大学出版社，2013.

[14] 倪向丽. 财务管理与会计实践创新艺术 [M]. 北京：中国商务出版社，2018.

[15] 申仁柏. 互联网 + 对现代会计教学改革的影响研究 [M]. 长春：吉林大学出版社，2019.

[16] 刘春姣. 互联网时代的企业财务会计实践发展研究 [M]. 成都：电子科技大学出版社，2019.

[17] 马杰，王玲玲. 基于价值创造的会计应用经典案例研究 [M]. 上海：立信会计出版社，2019.

[18] 杨颖燕. 会计报表理论与方法研究 [M]. 成都：西南交通大学出版社，2018.

[19] 谢合明，赖力，魏崛，等. 高校管理会计理论与应用研究 [M]. 北京：中国经济出版社，2019.

[20] 张海燕，曾晓莉，冯素玲. 会计理论探索与教学实践研究 [M]. 北京：北京工业大学出版社，2018.

[21] 曹光四，吴宇钦. 我国高校会计实践教学面临的问题及应对策略 [J]. 成功营销，2018（11）：130-131.

[22] 许丹，邓凌峰. 新经济形势下高校财务会计人才培养模式研究 [J]. 现代营销，2018（11）：27-28.

[23] 王宏. “互联网 +”下的高校会计教育信息化研究 [J]. 智库时代，2018（23）：90.

[24] 谢欢欢. 能力本位理念下高校会计教学改革工作初探 [J]. 纳税，2018（14）：70.

[25] 何雨谦，雷若曦. 论应用型本科院校会计专业人才培养模式 [J]. 佳木斯职业学院学报，2018（11）：257.